Frohes Lernen 4
Sprachbuch

Autorinnen:
Miriam Gottschalk
Madeleine Kreller
Julia Schwarzer
Sonja Senst

Beratung:
Beate Eckert-Kalthoff

Ernst Klett Verlag
Stuttgart · Leipzig · Dortmund

Inhalt

Lernen lernen	Ein Rechtschreibgespräch führen	6

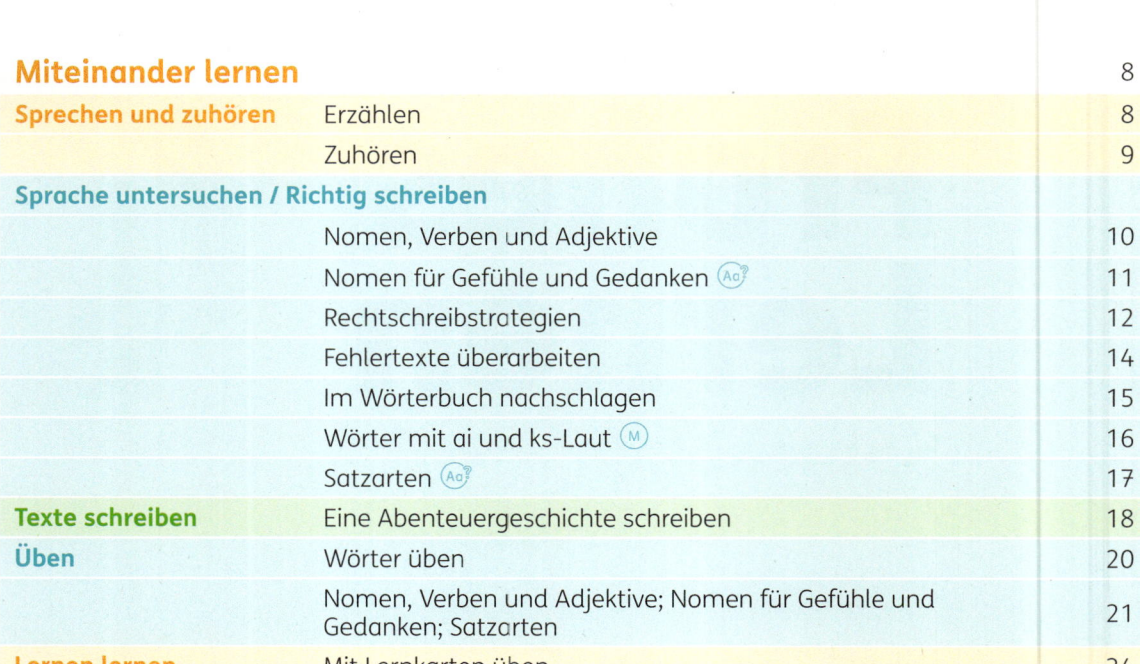

Miteinander lernen — 8

Sprechen und zuhören	Erzählen	8
	Zuhören	9
Sprache untersuchen / Richtig schreiben		
	Nomen, Verben und Adjektive	10
	Nomen für Gefühle und Gedanken	11
	Rechtschreibstrategien	12
	Fehlertexte überarbeiten	14
	Im Wörterbuch nachschlagen	15
	Wörter mit ai und ks-Laut	16
	Satzarten	17
Texte schreiben	Eine Abenteuergeschichte schreiben	18
Üben	Wörter üben	20
	Nomen, Verben und Adjektive; Nomen für Gefühle und Gedanken; Satzarten	21
Lernen lernen	Mit Lernkarten üben	24
	Lernen organisieren	25

Gesund und munter — 26

Sprechen und zuhören	Redewendungen	26
Sprache untersuchen / Richtig schreiben		
	Zeitformen	27
	Wörter mit doppelten Konsonanten	28
	Wörter mit tz und ck	29
	Vorsilben	30
	Wortbausteine -heit, -keit, -ung, -nis	31
	Wortfamilien	32
	Sätze verbinden	33
	Nomen und Pronomen	34
	Anredepronomen	35
Texte schreiben	Eine E-Mail schreiben	36
Üben	Wörter üben	38
	Zeitformen; Wörter mit doppelten Konsonanten; Wörter mit tz und ck; Vorsilben; Wortbausteine -heit, -keit, -ung, -nis	39
Lernen lernen	Sich eine Meinung bilden	42
	Eine Diskussion führen	43

Du und ich und wir — 44
Sprechen und zuhören   Miteinander plaudern — 44
Sprache untersuchen / Richtig schreiben
- Die Fälle des Nomens — 45
- Wörter mit ie — 46
- Wörter mit silbentrennendem h — 47
- Gegenwart und Vergangenheit — 48
- Zukunft — 49

Texte schreiben
- Einen Text über die eigene Zukunft schreiben — 50
- Einen Bericht schreiben — 52

Üben
- Wörter üben — 54
- Die Fälle des Nomens; Wörter mit silbentrennendem h; Zukunft — 56

Lernen lernen
- Miteinander chatten — 58
- Das Internet sicher nutzen — 59

Traumhaft und fantasievoll — 60
Sprechen und zuhören   Mit der Stimme spielen — 60
Sprache untersuchen / Richtig schreiben
- Wörter mit Dehnungs-h — 61
- Mit Adjektiven beschreiben — 62
- Adjektive mit -isch, -sam, -haft, -bar, -los — 63
- Wörtliche Rede — 64
- Wortfelder — 65

Texte schreiben
- Sich in eine Figur hineinversetzen — 66
- Ein szenisches Spiel planen — 68

Üben
- Wörter üben — 70
- Mit Adjektiven beschreiben; Adjektive mit -isch, -sam, -haft, -bar, -los; Wörtliche Rede — 71

Lernen lernen
- Ein Drehbuch schreiben — 74
- Ein szenisches Spiel aufführen — 75

Inhalt

Der Natur auf der Spur — 76

Sprechen und zuhören	Ein Bild beschreiben	76
Sprache untersuchen / Richtig schreiben		
	Wörter mit ss und ß	77
	Subjekt und Prädikat	78
	Das zweiteilige Prädikat	79
	Satzergänzung im 3. Fall	80
	Satzergänzung im 4. Fall	81
	Satzglieder	82
Texte schreiben	Eine Anleitung schreiben	84
	Zu einem Bild schreiben	85
Üben	Wörter üben	86
	Wörter mit ss und ß; Subjekt und Prädikat; Das zweiteilige Prädikat; Satzergänzung im 3. Fall und 4. Fall; Satzglieder	87
Lernen lernen	Texte schreiben	90

Hier und anderswo — 92

Sprechen und zuhören	Wie bitte?	92
	Sprachen vergleichen	93
Sprache untersuchen / Richtig schreiben		
	Fremdwörter (M)	94
	Wörter mit Y/y und Ch/ch (M)	95
	Wörter mit Eu/eu	96
	Orts- und Zeitangaben	97
	Verhältniswörter	98
Texte schreiben	Eine Fantasiegeschichte schreiben	100
Üben	Wörter üben	102
	Wörter mit Y/y und Ch/ch; Wörter mit Eu/eu; Zeit- und Ortsangaben; Verhältniswörter; Fremdwörter	103
Lernen lernen	Informationen austauschen	106
	Gedanken in einem Brainstorming sammeln	107

Unsere Erde, unser Zuhause — 108

Sprechen und zuhören	Teekesselchen	108
	Anderen eine Rückmeldung geben	109
Texte schreiben	Sachinformationen recherchieren	110
	Informationen aus einem Sachtext entnehmen	111
	Einen Sachtext wiedergeben	112
	Den eigenen Standpunkt formulieren	114

Sprache untersuchen / Richtig schreiben		
	Wörter mit r nach Vokal	116
	Fehlertexte überarbeiten	117
	Wortbausteine Ver-/ver- und Vor-/vor-	118
	Bindewörter	119
Üben	Wörter üben	120
	Wörter mit r nach Vokal; Wortbausteine Ver-/ver- und Vor-/vor-; Bindewörter	122
Lernen lernen	Eine digitale Präsentation vorbereiten	124
	Eine digitale Präsentation durchführen	125

Bücherwurm und Computermaus — 126

Sprechen und zuhören	Werbung erkennen	126
Sprache untersuchen / Richtig schreiben		
	Wortbausteine	128
	Adjektive	129
Texte schreiben	Werbung ausdenken und gestalten	130
	Texte am Computer schreiben und gestalten	131
	Dateien speichern und wiederfinden	132
	Eine Abschlusszeitung gestalten	134
Sprache untersuchen / Richtig schreiben		
	Wörter mit langem i	136
	Fehlertexte überarbeiten	137
Üben	Wörter üben	138
	Adjektive; Wortbausteine; Wörter mit langem i	140
Lernen lernen	Einen Film drehen	142

Durch das Jahr — 144

Texte schreiben	Herbst: Bauanleitung für ein Insektenhotel	144
	Herbst: Eine Halloween-Geschichte schreiben	145
	Winter: Bratäpfel zubereiten	146
Sprechen und zuhören	Winter: Ein Winterbild beschreiben	147
Texte schreiben	Frühling: Gedichte schreiben	148
	Frühling: Feste	149
	Sommer: Bauernregeln und Sprachspielereien	150
Sprechen und zuhören	Sommer: Sketche nachspielen	151

Fachbegriffe	152
Wörterliste	156
Quellen	168

Lernen lernen

Ein Rechtschreibgespräch führen

Rechtschreibgespräche helfen euch, Wörter richtig zu schreiben.

„Ich schreibe ein Märchen über einen Riesen. Er ist sehr unfreundlich."

„Wie schreibt man das Wort *unfreundlich*?"

„Das Wort hat drei Silben."

„Das Wort *unfreundlich* ist ein Adjektiv."

„Diese Stelle ist schwierig: Ich sehe ein **d**, aber ich höre **t**."

„Ich verlängere den Wortstamm: *unfreundlich – Freunde*. Also: d"

Silben schwingen	
Groß oder klein?	
Verlängern	
Ableiten	
Wortbausteine	
Wörter merken	

Lernen lernen

Der Wortstamm ist **-freund-**.
Am Wortbaustein **-lich** erkenne ich die Wortart Adjektiv.

Die Vorsilbe **un-** macht aus freundlich das Gegenteil.

Unsere Zusammenarbeit hat super geklappt. Wir waren ein gutes Team.

Ihr könnt mit dem Wort weiterüben:
- Sucht das Wort im Wörterbuch.
- Nennt Wörter, die zur selben Wortfamilie gehören.
- Schreibt einen eigenen Satz mit dem Wort.
- ...

So könnt ihr ein Rechtschreibgespräch führen:
- Sprecht über das Wort:
    - Was fällt euch auf? Beschreibt.
    - Zählt die Silben.
    - Nennt die Wortart.
- Kennzeichnet schwierige Stellen.
- Untersucht die schwierigen Stellen.
  Nutzt dazu die Strategien, die ihr schon kennt.

Sprechen und zuhören

Miteinander lernen

Erzählen

○ **1** Lest den Text.
Wie hat sich Erich Kästner wohl gefühlt?
Sprecht darüber.

> Früher wurden die Kinder Ostern eingeschult.

Der Autor Erich Kästner erzählt über seinen ersten Schultag 1906:

> Stolz trug ich morgens meine Schultüte in die Vierte Bürgerschule in der Tieckstraße und mittags zurück nach Hause.
> Ich wollte sie nur eben einer Nachbarin zeigen.
> Meine Mutter öffnete die Tür. Ich stieg, die Zuckertüte
> 5 mit der seidenen Schleife vorm Gesicht, die Ladenstufe hinauf, stolperte, da ich vor lauter Schleife und Tüte nichts sehen konnte, und dabei brach die Tütenspitze ab! Ich erstarrte zur Salzsäule.
> Zu einer Salzsäule, die eine Zuckertüte umklammert.
> Es rieselte und purzelte und raschelte über meine Schnürstiefel.
> 10 Ich hob die Tüte so hoch, wie ich irgend konnte.
> Das war nicht schwer, denn sie wurde immer leichter.
> Schließlich hielt ich nur noch einen bunten Kegelstumpf aus Pappe in den Händen, ließ ihn sinken und blickte zu Boden.
> Ich stand bis an die Knöchel in Bonbons, Pralinen und Datteln,
> 15 Osterhasen, Feigen, Apfelsinen, Törtchen, Waffeln und goldenen Marienkäfern.
> Die Kinder kreischten.
> Meine Mutter hielt die Hände vors Gesicht.

● **2** Wie war euer erster Schultag? Wie war euer erster Tag in der 4. Klasse?
Erzählt und vergleicht.

● **3** Informiert euch im Internet über den Autor Erich Kästner und seine Werke.
Tauscht euch aus.

Sprechen und zuhören

Zuhören

1 Lest die Sprüche. Was bedeuten sie? Sprecht darüber.

> Wenn du sprichst, wiederholst du nur,
> was du bereits weißt.
> Aber wenn du zuhörst,
> lernst du vielleicht etwas Neues.
> (Dalai Lama)

> Zuhören ist eine Kunst,
> die mehr braucht als zwei Ohren.
> (Franziskanermönch Peter Amendt)

> Wenn ich zuhöre, bin ich im Vorteil.
> Wenn ich spreche, sind es die anderen.
> (arabisches Sprichwort)

2 Woran erkennt ihr, dass euch eine Person zuhört?
Berichtet von euren Erfahrungen.

Die Person sieht mich an.
Die Person sieht auf ihr Handy.
Die Person erzählt nur von sich.
Die Person antwortet mir.
Die Person unterbricht mich ständig.
Die Person hat etwas nicht verstanden und fragt nach.

3 Welche Zuhörtipps sollen für eure Klasse gelten?
Gestaltet ein Plakat.

> Unsere Zuhörtipps:
> 1. Wir schauen unser Gegenüber an.
> 2. Alle dürfen ausreden.
> 3. ...

4 Spielt das Spiel **Stille Post**.
Ein Kind denkt sich einen Satz aus
und flüstert ihn einem anderen Kind neben sich ins Ohr.
Das letzte Kind spricht den Satz laut aus.
Stimmt der letzte Satz mit dem ersten Satz überein? Vergleicht.

Sprache untersuchen / Richtig schreiben

Nomen, Verben und Adjektive

1 Lest den Text.

In unserem Klassenzimmer sitzen vier neue Kinder. Sie sehen uns fröhlich an. Adil stellt sich zuerst vor. Er kommt aus Syrien.
Lindas Mutter hat eine interessante Arbeitsstelle bei der Zeitung gefunden.
Lennards Eltern haben sich getrennt. Mit seiner Mutter wohnt er jetzt näher an unserer Schule. Das findet er gut.
Daria sitzt schüchtern auf ihrem Stuhl. Sie wechselte die Klasse und ist froh, dass ihre Freundin Leah neben ihr sitzt.

2 Schreibe je drei Nomen, Verben und Adjektive aus Aufgabe 1 auf.
Schreibe so: Nomen: das Klassenzimmer, ...
　　　　　　Verben: ...
　　　　　　Adjektive: ...

> Manche Adjektive verändern sich:
> gut – besser – am besten

3 Beschreibe die Nomen aus Aufgabe 2 mit Adjektiven genauer.
Schreibe so: das Klassenzimmer – das große Klassenzimmer – das große schöne Klassenzimmer, ...

4 Legt Lernkarten zu den Wortarten an.
Hilfen findet ihr auch auf den Seiten 152 bis 155.
>> S. 24

Nomen　　Verb

Adjektiv

Wie erkenne ich Adjektive?

Adjektive kannst du steigern.

Adjektive können die Endung -ig oder -lich haben.

Adjektive beschreiben Nomen genauer.

5 Wie war eure Zusammenarbeit bei Aufgabe 4? Tauscht euch aus.

Sprache untersuchen / Richtig schreiben

Nomen für Gefühle und Gedanken

○ **1** Welche der Gefühle passen zu den Gesichtern? Ordnet zu.

| der Schmerz | der Ekel | die Angst | die Freude | die Trauer |

Marek   Emma   Rasmus   Alva   Ali

 Wörter, die Gefühle und Gedanken bezeichnen, sind **Nomen**.
Wir schreiben sie groß: *der Schmerz, die Idee.*

 Von manchen Nomen für Gefühle kann ich keine Mehrzahl bilden: *das Glück, der Neid.*

● **2** Lies den Text.
Ordne alle Nomen in einer Tabelle.

Menschen, Tiere, Pflanzen, Dinge	Gefühle und Gedanken
die Schule, ...	das Gefühl, ...

Die neue Schule
Kennt ihr das Gefühl von Ohnmacht? Ich habe es kennengelernt,
als ich mit meinen Eltern in eine andere Stadt umziehen musste.
Man konnte mir meine Enttäuschung und die Wut ansehen.
Meine Aufregung war riesig, als ich den Klassenraum betrat.
Zu meiner Überraschung spürte ich dann aber sofort Erleichterung.
Alle Kinder begrüßten mich herzlich und meine Unsicherheit war verschwunden.

● **3** Wähle Nomen aus Aufgabe 2 aus und beschreibe sie mit Adjektiven
genauer. Schreibe so: *das seltsame Gefühl, ...*

● **4** Zerlege die zusammengesetzten Nomen in ihre Bestandteile.
Schreibe so: *der Liebeskummer – die Liebe + der Kummer, ...*

| Liebeskummer | Siegerehrung | Geschwisterliebe | Bärenhunger |

>> AH S. 5

11

Sprache untersuchen / Richtig schreiben

Rechtschreibstrategien

1 Diese Strategien helfen euch, Wörter richtig zu schreiben. Welche Strategien kennt ihr? Tauscht euch aus.

Strategie: **Silben schwingen**
In jeder Silbe gibt es einen Vokal, Umlaut oder Zwielaut.
Boden, gehören, heute, …

Strategie: **Groß oder klein?**
Nomen und Satzanfänge schreibe ich groß.
Im Zimmer sitzen drei Kinder.

Strategie: **Verlängern**
Wenn ich nicht weiß, ob am Wortende **b** oder **p**, **d** oder **t**, **g** oder **k** geschrieben wird, verlängere ich das Wort.
Korb/p?   Körbe → Korb   *er frag/kt?   fragen → er fragt*
witzig/k?   witzige → witzig

Strategie: **Ableiten**
Ein Wort wird mit **ä** oder **äu** geschrieben, wenn es ein verwandtes Wort mit **a** oder **au** gibt.
Bä/elle?   Ball → Bälle   *Mäu/euse?   Maus → Mäuse*

Strategie: **Wortbausteine**
Der Wortstamm hilft mir, Wörter einer Wortfamilie richtig zu schreiben.
ab|mal|en, sie |malt|, die |Mal|erin, …
nach|denk|en, du |dach|test, der Ge|dank|e, …

Strategie: **Wörter merken**
Manche Wörter muss ich mir merken. Ich kann sie im Wörterbuch nachschlagen.
Text, wohnen, Straße, voll, …

Sprache untersuchen / Richtig schreiben

2 Schreibe die Wortfamilien geordnet auf. Kreise den Wortstamm ein.
Schreibe so: -arbeit-: arbeitslos, ...
-geh-: ...
-zahl-: ...

| arbeitslos | einzahlen | Arbeiterin | Gehweg |

| Zahlung | bearbeiten | aufgehen | unbezahlbar |

| Zahlenreihe | Arbeitsstelle | umgehen | Durchgang |

3 Lest die Sätze. Erklärt, was die Symbole bedeuten.

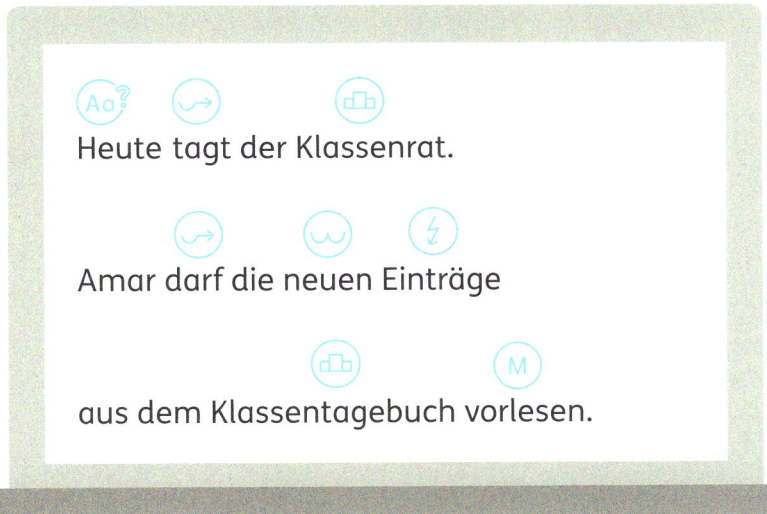

4 Schreibe Tams Sätze richtig auf. Die Strategiesymbole helfen dir.

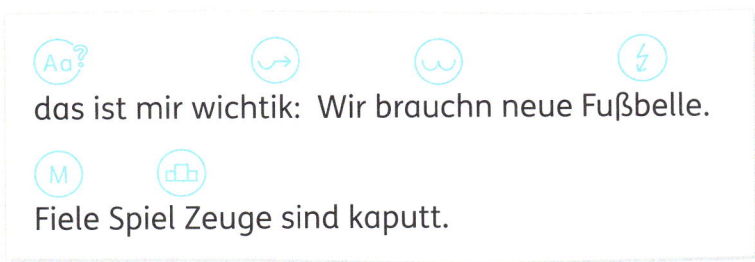

Sprache untersuchen / Richtig schreiben

Fehlertexte überarbeiten

1 Lest den Text.
Wie werden die unterstrichenen Wörter richtig geschrieben?
Welche Strategie hilft, das Wort richtig zu schreiben? Überlegt gemeinsam.

> **Max fehlt**
> Max war <u>gestrn</u> nicht in der Schule.
> Schon am <u>Montak</u> hat er gehustet und geniest.
> Eva und Max haben am <u>Wochen Ende</u> <u>drausen</u> gespielt.
> <u>dann</u> regnete es plötzlich <u>kreftig</u>.
> Wahrscheinlich hat Max sich dabei <u>erkeltet</u>.
> Deshalb bringt Eva ihm heute die <u>hausaufgaben</u> vorbei.
> Hoffentlich wird er schnell wieder <u>gesunt</u>.

2 Zeichne eine Tabelle. Schreibe die falsch geschriebenen Wörter aus Aufgabe 1 richtig auf. Welche Strategie hilft dir dabei? Begründe.

Berichtigung	Strategie
gestern	⌣ Jede Silbe hat einen Vokal.
...	...

3 Schreibe den Text aus Aufgabe 1 richtig auf.
Überprüfe mit dem Wörterbuch.

4 Diktiert euch die Sätze gegenseitig.

Papa bringt Max eine Wolldecke und eine Tasse Kräutertee.
Dann kocht er eine gesunde Hühnersuppe.
Schon bald wird es dem Jungen wärmer.
Später telefoniert Max noch mit seinem Opa.

5 Überprüft eure Sätze aus Aufgabe 4.
Welche Strategien haben euch geholfen?

Sprache untersuchen / Richtig schreiben

Im Wörterbuch nachschlagen

1 Schreibe die Wörter in jeder Zeile nach dem Alphabet geordnet auf.

| Handy | ziehen | immer | Abend | fließen | Spaß |

| Quark | quaken | quer | Quelle | Quadrat |

| Schnee | schnell | schwitzen | schade | Schlüssel |

 So kannst du Wörter im Wörterbuch finden:
Suche Nomen in der Einzahl: *die Herzen – das Herz*
Zerlege zusammengesetzte Nomen: *die Turnhalle – turnen + die Halle*
Suche Verben in der Grundform: *er hockt – hocken*
Suche Adjektive in der Grundform: *höher – hoch*

2 Schreibe die Wörter untereinander auf. Bei welchem Begriff hast du das gesuchte Wort im Wörterbuch gefunden? Ergänze die Seitenzahl.
Schreibe so: *die Hände – die Hand S. XX, ...*

| die Hände | wir schoben | wichtiger | die Zeitungen |

| volle | das Frühstücksei | er wiegt | die Eingangstür |

3 Schlage die Wörter im Wörterbuch nach.
Welche Wörter stehen über und unter dem gesuchten Wort?
Trage sie mit Artikel in eine Tabelle ein.

Wort darüber	gesuchtes Wort	Wort darunter
...	der Pinguin S. XX	...

| Pinguin | Ohr | Schiedsrichter | Johannisbeere | Zwieback |

Sprache untersuchen / Richtig schreiben

Wörter mit ai und ks-Laut M

1. Lest die Wörter laut vor. Was fällt euch auf?

| der Fuchs | das Taxi | links | sechs | der Text |

| der Keks | die Praxis | der Luchs | der Dachs | schlaksig |

| die Eidechse | das Lexikon | die Hexe | die Expedition |

2. Ordne die Wörter von Aufgabe 1 und gestalte Lernkarten.

x	**chs**	**ks**
das Taxi	...	...
...		

Merkwörter musst du dir merken. Du kannst sie im Wörterbuch nachschlagen.

3. Setze die Nomen richtig zusammen. Markiere **ai**.

| MAILAICH | HAIBAUM | GITARRENFISCH | FROSCHSAITE |

4. Bilde Sätze mit den Wörtern aus Aufgabe 3.

5. Übe die Merkwörter mit **ai** und mit dem **ks**-Laut. Wie gehst du vor?   >> S. 25

6. Wie seid ihr bei Aufgabe 5 vorgegangen? Tauscht euch aus. Was war gut und was wollt ihr nächstes Mal anders machen?

Sprache untersuchen / Richtig schreiben

Satzarten

1 💭 Lest die Sätze.
Betont den Satz „Das ist laut" passend.
Was fällt euch auf? Tauscht euch aus.

Anna hört ihr Lieblingslied. Ihr Bruder sagt: „Das ist laut."
Anna fragt: „Das ist laut?"
Anna dreht die Anlage auf und ruft lachend: „Das ist laut!"

Mach die Klangprobe.

Aussagesatz ⌒.
Fragesatz ⌣?
Ausruf ⌒!

2 ✏️ Schreibe den Text richtig auf.
Setze die fehlenden Satzzeichen. Achte auf den Satzanfang.

herr Kraft schreibt die Hausaufgaben an die Tafel☐
ida schreit: „Das ist viel zu viel☐"
ivan jammert: „Oje☐"
der Lehrer sagt: „Haltet euch jetzt an unsere Klassenregeln☐"
emre fragt: „Wann bekommen wir die neuen Arbeitshefte☐"
herr Kraft antwortet: „Ich verteile sie morgen☐"

 Es gibt verschiedene Satzarten und Satzzeichen.
Am Ende eines **Aussagesatzes** steht ein **Punkt**:
Mila meldet sich.
Am Ende eines **Fragesatzes** steht ein **Fragezeichen**:
Was möchtest du sagen?
Nach einem **Ausruf** oder **Aufforderungssatz** steht ein **Ausrufezeichen**:
Ruhe! Hört endlich auf zu reden!

3 ✏️ Lies die Aussagesätze. Bilde Fragesätze.
Schreibe so: Braucht Elia ... ?

Elia braucht noch ein Arbeitsblatt.
Emma gießt die Blumen im Klassenzimmer.
Heute ist Regenpause im Klassenzimmer.
Der Schwimmunterricht findet im Freibad statt.

Texte schreiben

Eine Abenteuergeschichte schreiben

○ **1** 👥 Sammelt Ideen für eine Abenteuergeschichte: Lesenacht in der Schule.

> Lesenacht in der Schule:
> - Drache steigt nachts aus Buch
> - …

● **2** 👥 Sammelt Wörter für eure Abenteuergeschichte. Tauscht euch darüber aus und ergänzt.

> Adjektive: dunkel, ängstlich, mutig, stolz, …
> Nomen: Knall, Schatten, Traum, …
> Verben: zittern, schwitzen, verstecken, …
> Satzanfänge: Es war einmal, Kurz darauf, Plötzlich, …

Ich sammle spannende Adjektive und Satzanfänge.

 *Ich suche im Wörterbuch nach passenden Verben.*

● **3** ✏️ Plane deine Abenteuergeschichte. Erstelle eine Mindmap.

Texte schreiben

4 Überlege, wie du das Ereignis spannend gestalten kannst.

Ich überlege mir etwas, womit niemand rechnet.

Ich sammle Grusel-Wörter: eklig, urplötzlich, Monsterkralle, ...

5 Schreibe eine Abenteuergeschichte.
Du kannst deine Geschichte auch mit dem Computer schreiben.

6 Lies dir deine Geschichte noch einmal durch.
Suche nun eine passende Überschrift.

Was ist dir bei deiner Geschichte gut gelungen?

7 Überprüft eure Geschichten. Habt ihr an alles gedacht?

Ersetze *Junge* durch andere Wörter: er, der tapfere Knabe, ...

Deine Figuren äußern Gedanken und Gefühle. Das wirkt sehr lebendig.

8 Überarbeite deine Geschichte. Überprüfe auch die Rechtschreibung.

Ich kann eine spannende Geschichte schreiben.

Wörter üben

Lernwörter und eigene Wörter
der Laib • der Fuchs • das Taxi • sechs • links • bis • verrückt • der Hai • essen • sitzen • steigen • ...

Ein verrückter Traum
Gestern Nacht hatte ich einen verrückten Traum:
Ein Taxi stand vor meiner Haustür und wartete auf mich.
Schnell aß ich einen ganzen Laib Brot,
nahm meine Schultasche und stieg in das Taxi ein.
Darin saß ein Fuchs, der mich sechs Kilometer
bis zur Schule fuhr.
Auf dem Parkplatz links von uns verabschiedete sich
gerade meine Freundin Marie von einem Hai.
Was uns wohl im Schulhaus erwartete?

○ **1** Notiere die Lernwörter. Markiere schwierige Stellen.

◐ **2** Schreibe den Text ab. Markiere die Lernwörter.

○ **3** Welche Wörter im Text willst du noch üben? Schreibe sie auf.

○ **4** Vergleicht eure Lernwörter. Tauscht euch aus.

● **5** Untersucht ein Lernwort in einem Rechtschreibgespräch.

Auf Seite 6 und 7 könnt ihr nachlesen, wie ihr ein Rechtschreibgespräch führen könnt.

◐ **6** Schlage zehn Lernwörter im Wörterbuch nach und schreibe sie mit der Seitenzahl auf.
Schreibe so: der Laib S. XX, ...

◐ **7** Beschreibe vier Nomen mit Adjektiven genauer.
Schreibe so: der Traum, der schöne Traum, ...

Nomen, Verben und Adjektive

1 Schreibe die Wörter nach Wortarten getrennt auf.

| müde | Mais | lachen | fair | Fenster |

| schneiden | brechen | Lampe | kaputt |

2 Schreibe die Sätze auf. Unterstreiche Nomen, Verben und Adjektive in unterschiedlichen Farben.

Das Meerschweinchen knabbert an einer saftigen Gurke.
Danach läuft es in sein kleines Häuschen.
Im gemütlichen Heu macht es ein langes Nickerchen.

3 Welche Vergleichsstufen gehören zusammen?
Schreibe so: hoch – höher – …

| hoch | am weitesten | gut | besser | viel | höher | weit |

| am besten | weiter | mehr | am meisten | am höchsten |

4 Schreibe die Sätze auf und füge passende Adjektive ein.

Das schwarze Pferd …

Das Pferd steht im Stall und frisst Äpfel.
Ella spielt mit ihrem Bruder auf der Wiese.
Die Kinder basteln Regenbögen und hängen sie ans Fenster.

5 Schreibe die Verben in eine Tabelle. Ergänze die fehlenden Zeitformen.

| du gehst | ich lese | wir spielen | sie klettern | ihr seht |

Grundform	Gegenwart	1. Vergangenheit	2. Vergangenheit
gehen	du gehst	…	…

Üben

Nomen für Gefühle und Gedanken

1 Welche Wörter passen zusammen?
Schreibe so: eifersüchtig – die Eifersucht, ...

| eifersüchtig | eklig | zufrieden | begeistert | dankbar |

| Begeisterung | Ekel | Zufriedenheit | Dankbarkeit | Eifersucht |

2 Schreibe die Sätze ab. Ergänze das passende Nomen.
Schreibe so: Wenn du glücklich bist, fühlst du Glück.

Wenn du glücklich bist, fühlst du ●.
Wenn du ängstlich bist, hast du ●.
Wenn du verärgert bist, spürst du ●.
Wenn du geduldig bist, hast du ●.
Wenn du schwach bist, spürst du ●.

3 Ordne die Nomen in eine Tabelle.

Menschen, Tiere, Pflanzen, Dinge	Gefühle und Gedanken
die Träne, ...	...

| die Vorsicht | die Träne | der Traum | der Wecker |

| das Geheimnis | das Bett | der Wunsch | das Handtuch |

4 Ergänze eigene Nomen in der Tabelle von Aufgabe 3.
Nutze das Wörterbuch.

5 Bilde Sätze mit diesen Nomen.

| Idee | Wut | Glück | Duft |

Üben

Satzarten

1 ✎ Schreibe die Sätze auf. Ergänze die Fragewörter und die Satzzeichen.

| Warum | Welches | Wann | Wer |

▓ gießt die Blumen im Schulgarten▓
▓ habt ihr euch in der Pause so sehr gestritten▓
▓ wird das Theaterstück der Zweitklässler aufgeführt▓
▓ Arbeitsblatt brauchen wir in der nächsten Stunde▓

2 ✎ Schreibe zu jedem Aussagesatz einen Fragesatz.
Überprüfe mithilfe der Klangprobe. Schreibe so:
Haben wir jeden Donnerstag zwei Stunden Sport?

Jeden Donnerstag haben wir zwei Stunden Sport.
Das Einschulungsfest findet in der Aula statt.
Wegen des schlechten Wetters haben wir Regenpause.
Der Platz am Fenster ist noch frei.
Wir fahren mit dem Bus in den Tierpark.

3 ✎ Lies die Aufforderungssätze. Bilde Aussagesätze in der wir- oder ich-Form.
Schreibe so: Wir sprechen laut und deutlich. Ich ...

Sprecht laut und deutlich.
Zeige der neuen Schülerin das Schulhaus.
Haltet endlich euer Klassenzimmer sauber!
Wirf sofort den Müll in den Mülleimer!
Schreibe den Stundenplan von der Tafel ab.

4 ✎ Bilde mit den Wortgruppen drei Fragesätze und drei Aussagesätze.

| Regentropfen fühlen | in eine Pfütze springen | an einer Blume riechen |

| den Sternenhimmel betrachten | einen besonderen Stein entdecken |

23

Lernen lernen

Mit Lernkarten üben

Mit Lernkarten kannst du viele Inhalte üben und dir besser merken. Auch in anderen Fächern kannst du mit Lernkarten lernen.

Auf die Vorderseite schreibe ich die Wortart.
Auf die Rückseite schreibe ich passende Stichwörter.

Nomen
– werden großgeschrieben
– Artikel: der, die, das
– Einzahl und Mehrzahl
– Gefühle und Gedanken
– …

Verb
– Personalform: ich gehe, du gehst, …
– Zeitformen: …

Adjektiv
– wie etwas ist
– kann ich steigern
– …

Ich bewahre Lernkarten in einer Box auf und notiere im Lerntagebuch, wann ich welches Thema üben möchte.

So kannst du mit Lernkarten üben:
- Schreibe das Thema auf die Vorderseite und passende Stichwörter auf die Rückseite.
- Präge dir die Stichwörter gut ein.
- Sieh dir die Vorderseite mit dem Thema an. Erzähle möglichst viel dazu.
- Drehe die Lernkarte um und kontrolliere.
- Wiederhole alle Lernkarten regelmäßig.
- Übe besonders die Lernkarten, zu denen du noch nicht so viel sagen kannst.

Lernen lernen

Lernen organisieren

Jeder Mensch lernt anders. Es hilft dir, wenn du dein Lernen gut planst. Dabei kann dir ein Lerntagebuch helfen.

 So kannst du dein Lernen organisieren:
- Setze dir ein Ziel, bis wann du den Lerninhalt beherrschen möchtest.
- Lege für dich passende Lernzeiten fest. Erstelle einen Zeitplan.
- Überlege, ob du allein, mit einem anderen Kind oder einer Gruppe lernen möchtest.
- Überlege, wie du lernen möchtest: Stichwortzettel, Checkliste, Mindmap, Partnerdiktat, Lernkarten, Film oder Lern-Apps.
- Suche einen geeigneten Arbeitsplatz und ordne deine Unterlagen: Was weißt du schon? Was hast du noch nicht verstanden?
- Frage andere Personen, wenn du etwas nicht verstehst und beschaffe dir fehlende Informationen.
- Prüfe auch: Hast du dein Lernziel erreicht? Was hat dir geholfen?

Sprechen und zuhören

Gesund und munter

Redewendungen

○ **1** Erzählt zu dem Bild.

> Mein Papa hat mir den Kopf gewaschen, nachdem ich sein Tablet genommen habe, ohne vorher zu fragen.

○ **2** Betrachtet die Bilder. Welche Redewendung passt zu welchem Bild?

| ein Brett vor dem Kopf haben |

| jemandem einen Bären aufbinden |

● **3** Was bedeuten die Redewendungen aus Aufgabe 2? Informiert euch im Internet und erklärt.

● **4** Erstellt ein Buch mit Redewendungen: Sucht Redewendungen im Internet. Malt passende Bilder dazu.

Sprache untersuchen / Richtig schreiben

Zeitformen

1 Lest die Sätze. Untersucht die Verben.

Paula und Yassin gingen durch den Wald.
Sie beobachteten ein Eichhörnchen.

Paula und Yassin sind durch den Wald gegangen.
Sie haben ein Eichhörnchen beobachtet.

2 Wann verwendet ihr welche Zeitform? Tauscht euch aus.

 Verben geben an, in welcher Zeit etwas geschieht.
Passiert etwas jetzt, steht das Verb in der **Gegenwart**: *ich lerne, ich laufe*.
Die **1. Vergangenheit** verwenden wir meist, wenn etwas schriftlich berichtet wird: *ich lernte, ich lief*.
Die **2. Vergangenheit** benutzen wir oft beim mündlichen Erzählen eines Erlebnisses. Sie wird mit den Hilfsverben **haben** oder **sein** gebildet:
ich habe gelernt, ich bin gelaufen.

3 Schreibe die Sätze in der 1. und in der 2. Vergangenheit auf.
Setze die Verben passend ein.

Nach der Schule (besuchen) Tam ihre Freundin.
Ole (laufen) mit seinem Hund in den Wald.
Nina (fahren) mit ihrem neuen Fahrrad zum Reiten.
Daniel und Rahel (lernen) zusammen.

4 Recherchiert alle Personalformen zum Verb **sein**. Schreibt sie auf ein Plakat.

Diese Personalformen musst du dir merken.

Bei Verben für Bewegungen verwenden wir das Hilfsverb **sein**: Ich bin gelaufen.

Gegenwart	1. Vergangenheit	2. Vergangenheit
ich bin	ich war	ich ...

>> AH S. 16/17

Sprache untersuchen / Richtig schreiben

Wörter mit doppelten Konsonanten

1 Lest den Text. Stimmen die Behauptungen? Sprecht darüber.

Typisch Junge, typisch Mädchen?
Jungen hämmern gern im Schuppen,
Mädchen kämmen ihre Puppen.
Jungen spielen immer Fußball,
Mädchen kümmern sich ums Pferd im Stall.
Jungen kämpfen gern wie Ritter,
Mädchen fürchten das Gewitter.

2 Schreibe alle Wörter mit doppelten Konsonanten aus Aufgabe 1 auf.
Wird der Laut davor kurz oder lang gesprochen? Markiere kurz (.) oder lang (_).
Schreibe so: hämmern, ...

> Auf einen kurz gesprochenen Vokal folgen meist zwei Konsonanten.
> Wenn wir nur einen Konsonanten hören, wird er verdoppelt:
> kommen, die Bitte, ...

Am Zeilenende trennen wir zwischen den doppelten Konsonanten.

3 Schreibe die Wörter in Silben auf. Markiere den kurz gesprochenen Vokal.
Schreibe so: die But-ter, ...

4 Schreibe die Wörter auf. Setze **l** oder **ll** ein. Überprüfe mit dem Wörterbuch.

| die We⬤e | der Ro⬤stuhl | die Scha⬤e |

| der Ma⬤kasten | die Schu⬤tüte | die Bri⬤e |

Ich kann prüfen, ob ich ein Wort mit doppelten Konsonanten schreibe.

Sprache untersuchen / Richtig schreiben

Wörter mit tz und ck

1 Schreibe den Text ab.
Markiere die Wörter mit **tz** und **ck** in unterschiedlichen Farben.

Deinen Körper schützen und pflegen
Du schwitzt, wenn du in der Hitze flitzt oder kickst.
Benutze Sonnenschutzmittel für alle ungeschützten Körperstellen,
um danach einen Schreck zu vermeiden.
Vor allem am Rücken brauchst du viel Geschick dafür.
Setze dich nicht zu lange in die Sonne,
sondern ziehe dich in eine schattige Ecke zurück.
Alle Schutzmaßnahmen sollen deine Haut vor Verletzungen bewahren.
Unbedeckt in der Sonne brutzeln schadet deiner Haut.

2 Untersucht die Wörter mit **tz** und **ck** aus Aufgabe 1. Was fällt euch auf?

3 Schreibe die Wörter auf. Setze **k/ck** oder **z/tz** richtig ein.
Überprüfe mit dem Wörterbuch.

z oder **tz**? | wi◦ig | win◦ig | Ker◦e | Ka◦e | pu◦en | pur◦eln

k oder **ck**? | Pa◦et | pa◦en | e◦ig | e◦lig | len◦en | le◦en

> Hören wir nach einem kurz gesprochenen Vokal oder Umlaut ein **z**,
> schreiben wir meist **tz**. Wir trennen zwischen **t** und **z**: *schüt-zen,*
> *die Hit-ze, ...*
> Hören wir nach einem kurz gesprochenen Vokal oder Umlaut ein **k**,
> schreiben wir meist **ck**. Am Zeilenende wird **ck** nicht getrennt:
> *der We-cker, schme-cken, ...*

4 Schreibe die Wörter in Silben auf. Schreibe so: *die Tat-ze, ...*

| die Tatze | besetzen | kleckern |
| erschrecken | witzig | die Zahnlücke |

5 Bilde Sätze mit Wörtern aus Aufgabe 4.

Sprache untersuchen / Richtig schreiben

Vorsilben

1 Lest die Sätze. Was fällt euch auf?

Lara will den Ball nicht eingeben.
Marie muss ein Passwort hergeben.
Paul will ein Gedicht absagen.
Wir müssen leider die Vorstellung aufsagen.

2 Schreibe die Sätze aus Aufgabe 1 richtig auf.

> **Vorsilben** können die Bedeutung eines Verbs verändern.
> legen: **ab**legen, **auf**legen, **hin**legen, **über**legen, …

3 Bilde Verben mit unterschiedlichen Vorsilben.
Schreibe so: hören: anhören, …

| hören | fassen | schlagen | nehmen | geben | ziehen |

4 Untersucht eure Wörter aus Aufgabe 3. Gibt es sie wirklich?

5 Bilde sinnvolle Sätze mit Verben aus Aufgabe 3.

6 Schreibe die Verben auf. Bilde das Nomen dazu.
Schreibe so: unterscheiden – der Unterschied, …

| unterscheiden | abfallen | ausbrechen | einladen | zerstören |

7 Schreibe die Nomen auf. Bilde das Verb dazu.
Schreibe so: die Besprechung – besprechen, …

| die Besprechung | der Überfall | der Besuch |

| der Anfang | die Ausbildung | die Aufregung |

Ich kann Verben mit Vorsilben bilden und richtig verwenden.

Sprache untersuchen / Richtig schreiben

Wortbausteine -heit, -keit, -ung, -nis

1 Welche Wörter gehören zusammen?
Schreibe so: wandern – die Wanderung, ...

| wandern | müde | hindern | faul |

| die Faulheit | die Müdigkeit | die Wanderung | das Hindernis |

2 Bilde Wörter mit **-heit**, **-keit**, **-ung** und **-nis**.
Schreibe so: blind – die Blindheit, ...

| blind | erzählen | belohnen | trocken |

| fröhlich | feucht | geheim | finster |

Endet ein Wort auf **-heit**, **-keit**, **-ung** oder **-nis**, schreib ich es groß, das ist gewiss!

3 Untersucht eure Wörter aus Aufgabe 3.
Um welche Wortart handelt es sich?

> Mit den **Wortbausteinen -heit, -keit, -ung, -nis** können wir aus Verben und Adjektiven Nomen bilden: *frei – die Freiheit, einsam – die Einsamkeit, reinigen – die Reinigung, geheim – das Geheimnis.*

4 Schreibe alle Nomen mit **-heit**, **-keit**, **-ung** und **-nis** untereinander auf.

Für deine Gesundheit ist die richtige Ernährung wichtig.
Aber auch die tägliche Bewegung muss Beachtung finden.
Das ist kein Geheimnis.
Bei Übelkeit, Heiserkeit und anderen Anzeichen
für Krankheiten solltest du deinem Körper Erholung gönnen.

5 Suche zu den Nomen aus Aufgabe 3 verwandte Verben oder Adjektive.
Schreibe so: die Gesundheit – gesund, ...

Ich kann Nomen mit -heit, -keit, -ung und -nis bilden.

Sprache untersuchen / Richtig schreiben

Wortfamilien

1 Schreibe alle Wörter mit dem Wortstamm **-streit-** heraus. Umkreise den Wortstamm.

Es sind 5 Wörter.

In der Schule haben Mila und Sinan einen heftigen Streit. Sie streiten darüber, dass die Mädchen in jeder Pause die Springseile für sich beanspruchen. Mila bestreitet das. Das Streitgespräch wird durch den Pausengong unterbrochen. In der nächsten Pause gehen Mila und Sinan zu den Streitschlichtern.

2 Bilde Nomen und Verben mit den Wortbausteinen. Markiere den gemeinsamen Wortstamm. Schreibe so: die Ausstellung, …

aus-   her-   be-   -stell-   -ung   -en

Achte auf die Großschreibung der Nomen.

3 Schreibe je ein Verb und ein Nomen zu jeder Wortfamilie auf. Markiere den gemeinsamen Wortstamm.
Schreibe so: -trink-: austrinken, das Getränk, …

-trink-   -sitz-   -steck-   -sing-

4 Vergleicht eure Wörter aus Aufgabe 3. Kontrolliert mit dem Wörterbuch.

> Wörter mit gleichem oder ähnlichem Wortstamm gehören zu einer **Wortfamilie**. Der Wortstamm kann uns helfen, alle Wörter einer Wortfamilie richtig zu schreiben: fühlen, das Gefühl, das Feingefühl, gefühllos, …

5 Bilde Sätze mit Wörtern aus Aufgabe 3.

Sprache untersuchen / Richtig schreiben

Sätze verbinden

1 Setze die Wörter passend ein und schreibe die Sätze auf.

| oder | weil | und |

Am Samstag treibe ich Sport. Am Sonntag spiele ich mit Freunden.
Am Samstag treibe ich Sport ▨ am Sonntag spiele ich mit Freunden.

Wir können im Hallenbad schwimmen. Wir können ins Kino gehen.
Wir können im Hallenbad schwimmen ▨ wir können ins Kino gehen.

Ich esse wenig Zucker. Ich möchte mich gesund ernähren.
Ich esse wenig Zucker, ▨ ich mich gesund ernähren möchte.

2 Vergleicht die Satzpaare aus Aufgabe 1. Was fällt euch auf?

> Achtet auch auf Satzzeichen und die Stellung des Verbs.

> Mit den **Bindewörtern und**, **oder** und **weil** können wir Sätze verbinden.
> Vor den Bindewörtern **und** und **oder** steht kein Komma.
> Vor dem Bindewort **weil** steht ein Komma.

3 Verbinde die Sätze mit dem passenden Bindewort. Schreibe auf.

| oder | und |

In den Ferien fahren wir zu meinen Großeltern ▨ zelten mit unseren Freunden.
Heute trainiert unsere Mannschaft ▨ am Sonntag haben wir ein Turnier.
Je nach Laune backe ich morgen einen Kuchen ▨ koche einen Eintopf.

4 Beende die Sätze sinnvoll.

Meine Freunde treffe ich gerne, weil …
Meine Freizeit ist mir wichtig, weil …
Ich habe gute Laune, weil …

Sprache untersuchen / Richtig schreiben

Nomen und Pronomen

○ **1** Schreibt die Nomen mit dem bestimmten Artikel auf Wortkarten. Kontrolliert mit dem Wörterbuch. Ordnet die Nomen nach ihren Artikeln.

| Frühstück | Entschuldigung | Fahrrad | Esel |
| Kamin | Haus | Gitarre | Harfe | Elefant |

> Nomen haben ein Geschlecht. Sie können **männlich**, **weiblich** oder **sächlich** sein: **der** Mann, **die** Frau, **das** Kind.

● **2** Trage die Wörter von Aufgabe 1 in eine Tabelle ein.

männlich	weiblich	sächlich
der ...	die ...	das ...

● **3** Ergänze weitere Nomen in der Tabelle aus Aufgabe 2. Überprüfe mit dem Wörterbuch.

○ **4** Schreibe den Text ab. Welche Nomen kommen mehrfach vor? Markiere sie.

Der Trainer hat gute Neuigkeiten. Der Trainer organisiert einen Wettkampf. Timo bereitet sich gut darauf vor. Timo will den Wettkampf gewinnen. In seiner Altersgruppe ist auch Lissy. Lissy ist eine gute Turnerin. Gegen sie möchte Timo nicht verlieren. Deswegen trainiert Timo fleißig.

> Die Wörter **ich, du, er/sie/es, wir, ihr, sie** sind **Pronomen**.
> *Pronomen* können *Nomen* ersetzen:
> <u>Der Trainer</u> hat gute Neuigkeiten. <u>Er</u> organisiert einen Wettkampf.

● **5** Überarbeite den Text aus Aufgabe 4. Welche Nomen kannst du durch Pronomen ersetzen? Schreibe die Sätze auf.

Sprache untersuchen / Richtig schreiben

Anredepronomen

1 Lest die E-Mails. Welche Unterschiede stellt ihr fest?

▶ Senden   📎 Anhang

Von: Klasse4a@grundschule-weilheim.de
An: frausonnendorfer@grundschule-weilheim.de
Betreff: Gesunder Pausenverkauf

Sehr geehrte Frau Sonnendorfer,
wir möchten Sie über unsere Idee informieren. Manche Kinder haben keine Brotzeit dabei und kaufen sich Essen beim Pausenverkauf. Dort gibt es nur wenig gesunde Lebensmittel. Das würden wir gerne ändern. Dazu brauchen wir Ihre Hilfe, da Sie die Rektorin sind.
Freundliche Grüße
Ihre Daria Holzmann aus der Klasse 4a

▶ Senden   📎 Anhang

Von: frausonnendorfer@grundschule-weilheim.de
An: Klasse4a@grundschule-weilheim.de
Betreff: Gesunder Pausenverkauf

Hallo Daria,
danke für deine E-Mail. Eure Idee finde ich sehr gut.
Schreibe bitte Frau Mischke, die den Pausenverkauf organisiert.
Kläre mit ihr, ob eure Idee umsetzbar ist.
Viele Grüße
deine Frau Sonnendorfer

---

2 In der E-Mail an die Rektorin sind die Wörter **Sie** und **Ihre** großgeschrieben. Warum? Erklärt.

> Wörter, mit denen wir Personen in Briefen oder E-Mails ansprechen, nennen wir **Anredepronomen**. Bei der Anrede von erwachsenen Personen, mit denen wir nicht befreundet sind, schreiben wir die Wörter **Sie**, **Ihre**, **Ihr**, **Ihnen**, ... immer groß.

Texte schreiben

Eine E-Mail schreiben

① **Lies die E-Mail.**

> ▶ Senden   📎 Anhang
>
> Von: Klasse4a@grundschule-weilheim.de
> An: fraumischke@grundschule-weilheim.de
> Betreff: Gesunder Pausenverkauf
>
> Sehr geehrte Frau Mischke,
> ich bin Daria aus der Klasse 4a. Ich wende mich im Namen meiner Klasse an Sie. Mehr gesunde Brotzeit im Pausenverkauf wäre toll.
> Im Anhang finden Sie eine Liste mit Vorschlägen für eine gesunde Brotzeit. Da Sie den Pausenverkauf organisieren, würden wir darüber gerne mit Ihnen sprechen. Können wir einen Termin für ein Gespräch ausmachen?
> Vielen Dank schon einmal.
> Freundliche Grüße
> Ihre Daria Holzmann aus der Klasse 4a

② **Aus welchen Teilen besteht die E-Mail? Erklärt.**

- Absender
- Empfänger
- Betreff
- höfliche Grußform
- höfliche Anrede

③ **Vergleicht die E-Mail mit der E-Mail aus Aufgabe 1. Was fällt euch auf?**

> ▶ Senden   📎 Anhang
>
> Von: Klasse4a@grundschule-weilheim.de
> An: fraumischke@grundschule-weilheim.de
> Betreff: Gesunder Pausenverkauf
>
> Du Frau Mischke,
> ich bin in der Klasse 4a. Wir wollen mehr leckeres Essen im Pausenverkauf. Morgen kommen wir vorbei und bringen unsere Liste mit gesunden Sachen mit.
> Die 4. Klasse

Texte schreiben

- **4** Sport ist gesund. Wie könnt ihr mehr sportliche Bewegung in den Schulalltag einbauen? Tauscht euch aus.

  - Wir organisieren ein Sportfest für die ganze Schule.
  - Wir brauchen neue Spielgeräte auf dem Pausenhof.
  - Wir veranstalten eine Projektwoche zu verschiedenen Sportarten.

- **5** Welche Idee überzeugt dich? Bilde dir eine Meinung. >> S. 42

- **6** Welche Idee für mehr sportliche Bewegung im Schulalltag wollt ihr umsetzen? Diskutiert. >> S. 43

- **7** Schreibt eine E-Mail an eure Schulleitung, wie ihr mehr sportliche Bewegung in den Schulalltag einbauen wollt.

MK Aufgabe 7

Wörter üben

Lernwörter und eigene Wörter
der Kiefer • plötzlich • voll • die Angst • ziehen • das Glück • beißen • schlimm • erklären • schützen • die Sache • der Blitz • …

Beim Zahnarzt
Merit geht regelmäßig zur Kontrolle zum Zahnarzt.
Ein Zahn im Kiefer wackelt plötzlich. Voller Angst schaut sie zur Spritze.
Aber der Arzt beruhigt sie zum Glück und erzählt ihr einen Witz.
Schnell wie der Blitz zieht er ihr den lockeren Zahn.
Merit beißt nun auf ein Stück Watte,
um die Blutung zu stoppen.
Es war doch nicht so schlimm.
Der Zahnarzt erklärt ihr: „Um deine Zähne zu schützen,
solltest du nicht zu viele süße Sachen essen."

1. Notiere die Lernwörter. Markiere schwierige Stellen.

2. Schreibe den Text ab. Markiere die Lernwörter.

3. Welche Wörter im Text willst du noch üben? Schreibe sie auf.

4. Vergleicht eure Lernwörter. Tauscht euch aus.

5. Untersucht ein Lernwort in einem Rechtschreibgespräch.

6. Suche verwandte Wörter zu dem Wortstamm **-zieh-**.
Markiere den Wortstamm. Nutze das Wörterbuch.

7. Schreibe die Verben in der Grundform und allen Zeitformen
in der du-Form in eine Tabelle.

Grundform	Gegenwart	1. Vergangenheit	2. Vergangenheit
ziehen	du …	du …	du …

8. Bilde mit den Lernwörtern Sätze. Denke an alle Satzarten.

Üben

Zeitformen

1 Welche Verbformen gehören zusammen?
Schreibe so: laufen — wir liefen - wir sind gelaufen, ...

| laufen | wir suchten | wir haben gekonnt | wir liefen | können |

| suchen | wir sind gelaufen | wir haben gesucht | wir konnten |

2 Bilde Sätze in verschiedenen Zeitformen. Nutze die Verben aus Aufgabe 1.

3 Schreibe die Verben untereinander auf.
Ergänze die 1. und 2. Vergangenheit.
Schreibe so: ich flüstere, ich flüsterte, ich habe geflüstert, ...

| ich flüstere | es passiert | sie schweigen | wir laufen |

| ihr verschmutzt | du probierst | sie schwimmen | wir wachsen |

4 Schreibe den Text auf.
Setze die passenden Verben in der 1. Vergangenheit ein.

| treffen | drehen | gehen | erhalten | freuen | erzählen |

Fadime und Paula ▓ sich am Nachmittag.
In ihrer Straße ▓ ein Filmteam einen Kinderfilm.
Die Mädchen ▓ von der Hauptdarstellerin ein Autogramm.
Sie ▓ sich darüber.
Danach ▓ Fadime und Paula nach Hause.
Am nächsten Tag ▓ Fadime stolz von ihrem Erlebnis.

5 Schreibe den Text aus Aufgabe 4 in der 2. Vergangenheit auf.

39

Üben

Wörter mit doppelten Konsonanten

1 Schreibe alle Wörter mit doppelten Konsonanten aus dem Text auf.
Wird der Laut davor kurz oder lang gesprochen? Markiere kurz (.) oder lang (_).
Schreibe so: gewinnen, ...

Nina und Ali gewinnen beim Tischtennis.
Marek und Timo rennen um die Wette.
Elias schneidet Gemüse für eine Suppe.

2 Schreibe den Text auf. Setze die fehlenden doppelten Konsonanten ein.

Frau Larsen fährt mit ihrer Kla●e in einen Kle●erpark.
Pünktlich um neun Uhr tre●en sich a●e Kinder an der Bushalteste●e.
Die Spa●ung steigt. Elmar zi●ert vor Aufregung.
Wird er es scha●en, ganz hoch zu kle●ern?
Marek ste●t sich vor die Gru●e und ruft:
„Keine Angst! Wenn ihr laut brü●t, ko●e ich und re●e euch."

Wörter mit tz und ck

3 Schreibe die Wörter mit **tz** und **ck** auf.
Markiere die kurz gesprochenen Vokale. Schreibe so: spitzen, ...

Merit hält einen spitzen Stock ins Feuer.
Ole und Marek erzählen sich Witze.
Hugo holt leckere Plätzchen aus dem Backofen.

4 Schreibe die Wörter auf. Setze **k/ck** oder **z/tz** richtig ein.
Überprüfe mit dem Wörterbuch.

verrü●t   je●t   die Zu●unft   zurü●   die Pflan●en

der Ka●ao   wa●eln   he●en   lin●s   gei●ig

Üben

Vorsilben

1 Bilde Verben mit den Vorsilben **ab-**, **an-**, **auf-** und **zu-**.
Schreibe so: ab-: abstellen, ...

2 Schreibe die Nomen mit Artikel auf. Bilde dazu das Verb.
Markiere die Vorsilbe. Schreibe so: die Ausreise – ausreisen, ...

| Ausreise | Ausbruch | Ausruf | Ausstellung |

| Ausfahrt | Ausrede | Aussage | Ausdruck |

Wortbausteine -heit, -keit, -ung, -nis

3 Suche zu den Nomen die verwandten Verben.
Schreibe so: die Meinung – meinen, ...

| Meinung | Sendung | Ziehung | Erlebnis | Heizung |

4 Bilde aus den Adjektiven Nomen.
Schreibe so: klug – Klugheit, ...

| klug | sauber | frech | schön | gemein |

5 Suche das verwandte Verb oder Adjektiv.
Notiere sie in einer Tabelle.

Nomen → Verb	Nomen → Adjektiv
die Sitzung → sitzen	die Dunkelheit → ...

| Sitzung | Dunkelheit |

| Genauigkeit | Ehrlichkeit |

| Steigung | Erlaubnis |

6 Bilde mit den Nomen aus Aufgabe 5 Sätze.

41

Lernen lernen

Sich eine Meinung bilden

Um dir eine Meinung zu einem Thema zu bilden, kannst du verschiedene Informationen recherchieren und vergleichen. Sammle Argumente dafür (pro) und dagegen (kontra). Ein Argument ist eine Begründung oder ein Beweis.

> Wie findet ihr den Baumwipfelpfad als Ausflugsziel für den Wandertag? Er ist auch rollstuhlgerecht.

> Wir haben nur selten die Möglichkeit, einen Baumwipfelpfad zu besuchen.

> Wir sind den ganzen Tag an der frischen Luft.

> Sport und Bewegung sind sehr gesund.

> Bei schlechtem Wetter muss der Ausflug ausfallen.

dafür (pro)	dagegen (kontra)
• Sport ist gesund	• findet nur bei gutem Wetter statt
• ...	• ...

So kannst du dir eine Meinung bilden:
- Recherchiere Informationen zum Thema.
- Tausche dich mit anderen aus.
- Sammle Argumente dafür (pro) und dagegen (kontra).
- Bilde dir eine Meinung und begründe sie mit den Argumenten.

Lernen lernen

Eine Diskussion führen

Eine Diskussion ist ein Gespräch mit mehreren Personen, die verschiedene Standpunkte vertreten. Mit Argumenten könnt ihr eure Meinung begründen. Das Ziel ist, andere Personen von der eigenen Meinung zu überzeugen oder eine gemeinsame Lösung zu finden.

- Ich mag Ausflüge in den Zoo nicht, da der Eintritt sehr teuer ist.
- Du hast völlig recht, aber ich kann dort viele exotische Tiere sehen.
- Ich bin davon überzeugt, dass es vielen Tieren nicht so gut geht wie in der freien Wildbahn.
- Ich sehe das anders, weil die Tiere viel älter werden als in der Natur.
- Ich finde es langweilig, den ganzen Tag nur Tiere zu beobachten.
- Das ist sicher richtig, aber im Zoo gibt es besonders aufregende Spielplätze.

 So könnt ihr eine Diskussion führen:
- Begründet eure Meinung mit Beispielen und Argumenten:
  „Ich finde, dass ..."
- Geht auf die Argumente der anderen ein:
  „Du hast recht, aber ..."
- Erklärt, warum ihr anderer Meinung seid.
  „Ich bin nicht deiner Meinung, weil ..."
- Findet Punkte, in denen ihr euch einig seid, und benennt sie.
- Sucht eine Lösung, mit der alle einverstanden sind.
- Haltet euch an die Gesprächsregeln.

> Sprechen und zuhören

Du und ich und wir

Miteinander plaudern

○ **1** Was passiert hier? Sprecht darüber.

● **2** Was könnt ihr machen, wenn jemand beleidigt, geärgert oder bedroht wird? Überlegt gemeinsam.

Nummer gegen Kummer: 116111

◐ **3** Lest die Nachrichten. Beschreibt die Unterschiede zu einem Gespräch.

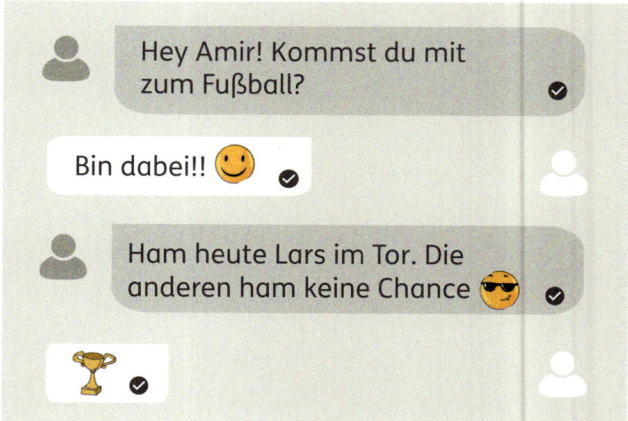

◐ **4** Wie könnt ihr im Internet mit anderen plaudern? Informiert euch. >> S. 58

● **5** Wie nutzt ihr das Internet? Was müsst ihr beachten? Tauscht euch aus. >> S. 59

MK Aufgabe 1–5

Sprache untersuchen / Richtig schreiben

Die Fälle des Nomens

1 Lest den Text. Was fällt euch auf?

Das Mädchen
Das Mädchen spielt gerne Hockey.
Das Baumhaus ist der Lieblingsplatz des Mädchens.
Viele spannende Bücher gehören dem Mädchen.
Oft sieht man das Mädchen auch im Schwimmbad.

2 Erfrage die markierten Wörter.
Schreibe die Fragen und Antworten auf.
Schreibe so: Wer oder was spielt gerne Hockey? – das Mädchen

> **Wer oder was** spielt ...?
> **Wessen** Lieblingsplatz ist ...?
> **Wem** gehören ...?
> **Wen oder was** sieht man ...?

> **Nomen** können im Satz in **vier Fällen** verwendet werden:
> 1. Fall: Wer oder was ...?   das Mädchen
> 2. Fall: Wessen ...?   des Mädchens
> 3. Fall: Wem ...?   dem Mädchen
> 4. Fall: Wen oder was ...?   das Mädchen

3 Setze passend ein und schreibe die Sätze von Aufgabe 2 auf.
Schreibe so: Der Junge spielt ...

| der Junge | des Jungen | dem Jungen | den Jungen |

4 Schreibe die Sätze untereinander auf.
Erfrage die markierten Wörter. Bestimme die Fälle.

Die kleine Katze
Im Garten hat Leon die kleine Katze entdeckt.
Er folgt der kleinen Katze vorsichtig.
Das Fell der kleinen Katze glänzt in der Sonne.
Plötzlich springt die kleine Katze über den Zaun.

> Verändert sich der Fall, verändern sich auch der Artikel und das Adjektiv.

>> AH S. 26   **45**

Sprache untersuchen / Richtig schreiben

Wörter mit ie

1 Lest den Text. Untersucht die markierten Wörter.

Tam schreibt gerne Briefe. Deshalb hat sie einen Brieffreund aus Österreich.
Dieser heißt Marko. Begeistert liest Tam Markos Nachrichten.
Niemals zuvor hat sie sich so über Post gefreut.
Am Anfang fand sie es schwierig,
die Briefmarken am Automaten zu kaufen.
Aber das klappt nun echt spitze. Ihr großes Ziel ist es,
Marko einmal zu treffen.

2 Schreibe die markierten Wörter aus dem Text in eine Tabelle.
Wird der i-Laut kurz oder lang gesprochen?
Markiere kurz (.) oder lang (_). Was fällt dir auf?

kurz (.)	lang (_)
sich	Briefe

> Die meisten Wörter mit lang gesprochenem **i** werden mit **ie** geschrieben.
> Am Ende einer offenen Silbe steht meist **ie**: *die Brie-fe, nie-mals, …*

3 Entscheide, ob die Wörter mit **i** oder **ie** geschrieben werden.
Schreibe sie richtig auf. Markiere **ie**. Überprüfe mit dem Wörterbuch.

| der Fl◯ger | sp◯len | das K◯nd | v◯r | das B◯ld |

| spaz◯ren | f◯ndest | das Pap◯r | der W◯nd |

4 Schreibe die Sätze richtig auf. Setze **ie** oder **i** richtig ein.

Marko schreibt über s◯ch: Ich habe v◯r Geschw◯ster.
Mein Bruder ist s◯ben Jahre alt. Meine Schwestern sind Zw◯llinge.
Wir K◯nder l◯ben Kartensp◯le.
Ich habe ein B◯ld von uns gemalt. Wie f◯ndest du es?

5 Überprüft eure Sätze aus Aufgabe 4. Wie seid ihr vorgegangen?

Sprache untersuchen / Richtig schreiben

Wörter mit silbentrennendem h

1 Lest den Text. Untersucht die markierten Wörter.

Luan will mit seiner Familie in das Stadtmuseum gehen. Dort staunen sie über Fotos von früher: Sie sehen Bilder vom alten Festplatz. Auf einem Foto ziehen viele Menschen einen Maibaum in die Höhe. Kinder stehen in der Nähe. Luan ist begeistert von den Bildern.

2 Schreibe alle markierten Wörter in Silben getrennt auf. Was fällt dir auf?

> Treffen bei Wörtern mit mehreren Silben zwei Vokale aufeinander, schreiben wir fast immer ein **h** dazwischen: *frü-her, ste-hen, ...*
> Wenn wir die Wörter verlängern und in Silben sprechen, können wir das **h** hören: *er geht – gehen, der Schuh – die Schuhe, früh – früher, ...*

3 Verlängere die Wörter. Schreibe so: das Reh – die Rehe, ...

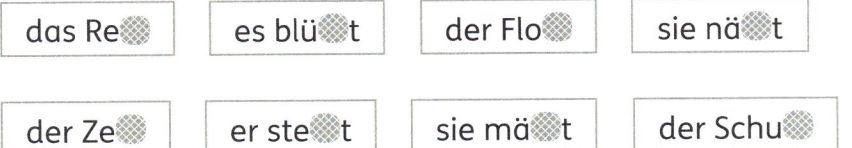

| das Re● | es blü●t | der Flo● | sie nä●t |

| der Ze● | er ste●t | sie mä●t | der Schu● |

4 Bilde mit den verlängerten Wörtern aus Aufgabe 3 Sätze.

5 Überprüft eure Sätze aus Aufgabe 4 mit dem Wörterbuch.

Ich schreibe Wörter mit silbentrennendem h richtig.

Sprache untersuchen / Richtig schreiben

Gegenwart und Vergangenheit

1 Was hat sich in der Landwirtschaft geändert? Sprecht darüber.

> Ich bin Bauer gewesen.
>
> Früher haben Bauern das Getreide mit einer Sense geschnitten.
>
> Heute fährt die Bäuerin oder der Bauer mit einem Mähdrescher über das Feld.

2 In welcher Zeitform stehen die markierten Verben? Begründet.

3 Schreibe die Verben in der Grundform und allen Zeitformen in der er-Form in eine Tabelle.

Grundform	Gegenwart	1. Vergangenheit	2. Vergangenheit
schneiden	er schneidet	er schnitt	er hat geschnitten

| schneiden | fahren | arbeiten | wachsen | ernten |

4 Untersucht in der Tabelle aus Aufgabe 3 die Wortstämme. Was stellt ihr fest?

5 Schreibe Sätze mit Verben aus Aufgabe 3 in der 1. und 2. Vergangenheit.

Sprache untersuchen / Richtig schreiben

Zukunft

1 Lest die Sätze. Woran erkennt ihr, dass von der Zukunft gesprochen wird? Begründet eure Meinung.

Ich werde als Pilotin um die ganze Welt reisen.

Ich werde Feuer löschen und Menschen retten.

Ich werde mit einer Rakete zum Mond fliegen.

> Die Zeitform **Zukunft** zeigt an, dass etwas in der Zukunft geschehen wird. Wir bilden sie mit dem Hilfsverb **werden** und dem Verb in der Grundform: *ich werde reisen, du wirst löschen, er wird fliegen, …*

2 Bilde mit den Wörtern Sätze in der Zukunft. Markiere die Verben. Schreibe so: Elif wird Bienen züchten.

Elif
Bienen züchten

Ole
Natur erforschen

Alva und Lisa
Bio-Bauernhof führen

Jonas und Marek
Umwelt-Apps programmieren

Sinan
Obst und Gemüse selbst anpflanzen

Sara
umweltfreundliche Autos erfinden

3 Was möchtest du später einmal machen? Bilde Sätze mit Verben in der Zukunft.

Ich kann Verben in die Zukunft setzen.

Texte schreiben

Einen Text über die eigene Zukunft schreiben

○ **1** 👥 Lest die Texte. Wie sind sie aufgebaut? Ordnet zu:

| Inhalt in der Zeitform Zukunft | Name | Ort, Datum |

Nürnberg, 17. November

In 30 Jahren werde ich in einer schönen, großen Wohnung leben. Morgens werde ich meine Uniform anziehen und mit meinem Elektroauto zum Flughafen fahren. Mit meinem Pilotenkoffer werde ich durch den Flughafen zu meinem Flugzeug gehen. Die Besatzung wird schon auf mich warten. Nachdem alle Passagiere eingestiegen sind, werde ich mit meinem Copiloten das Flugzeug starten. Ich werde das Flugzeug in Afrika landen. Dort werde ich eine Safari machen. Am nächsten Tag werde ich in ein anderes Land fliegen. Ich freue mich schon auf meine Zukunft.
Mila

Nürnberg, 17. November

In 30 Jahren werde ich mit meiner Frau und meinen beiden Kindern Silas und Ebru in einem schönen Haus mit Garten leben.
Ich werde bei der Feuerwehr von Nürnberg arbeiten. Wenn der Alarm losgeht, werde ich meine Schutzkleidung anziehen. Schnell werde ich mich in das Löschfahrzeug setzen und mit Blaulicht und Sirene zum Einsatzort rasen. Wenn ich erwachsen bin, werde ich viele Feuer löschen und vielen Menschen das Leben retten.
In meiner Freizeit werde ich mit meinen Kindern Fußball spielen. Sinan und Ole werden immer noch meine besten Freunde sein.
Berat

● **2** ✏️ Schreibe einen Text zum Thema „Ich in 30 Jahren".
Male dazu.

Texte schreiben

3 Lest den Textentwurf. Sprecht über die markierten Textstellen.

> Nürnberg, 17. November
>
> In 30 jahren werde ich ein mehrjehriges Studium
> der Luft- und Raumfahrttechnik erfolkreich beenden.
> danach ziehe ich nach Amerika.
> Dort werde ich in Florida bei der NASA arbeiten.
> Dort werde ich zum astronauten ausgebildet.
> Ich werde trainieren, wie man sich in der Schwerlosigkeit bewegt.
> Ich lerne die Sprachen Englisch und Russisch.
> Ich werde mich dan auf der Raumstation
> mit den anderen Astronauten unterhalten.
> Nach fier Jahren Ausbildung steige ich in eine Rakete.
> Dann werde ich in den weltraum fliegen.
> Dann betrachte ich die Erde aus dem All.
> Tom

4 Wie könnt ihr den Text von Aufgabe 3 verbessern?
Die Strategiesymbole helfen euch. Denkt auch an die Satzanfänge und Zeitformen.

Wenn ich ein Wort nicht weiß, schlage ich im Wörterbuch nach.

5 Überarbeitet eure Texte von Aufgabe 2 in einer Schreibkonferenz.

Stecke den Text über deine Zukunftspläne in einen Briefumschlag und bewahre ihn für später auf.

Texte schreiben

Einen Bericht schreiben

○ **1** Lest die Texte. An wen richten sie sich? Wer hat sie geschrieben? Sprecht über Gemeinsamkeiten und Unterschiede.

INGOLSTÄDTER ZEITUNG 15.11.

Fahrradunfall in der Schulstraße
Am 15. November um 15 Uhr stießen in der Schulstraße zwei Fahrräder zusammen. Der Unfallverursacher missachtete die Vorfahrt. Er fuhr mit seinem Rennrad aus einer Hofeinfahrt direkt in das Rad einer Schülerin. Nach dem Unfall entfernte er sich unerlaubt vom Unfallort. Das geschädigte Mädchen kam mit leichten Verletzungen davon. An ihrem Fahrrad entstand geringer Sachschaden. Die Polizei ermittelt.

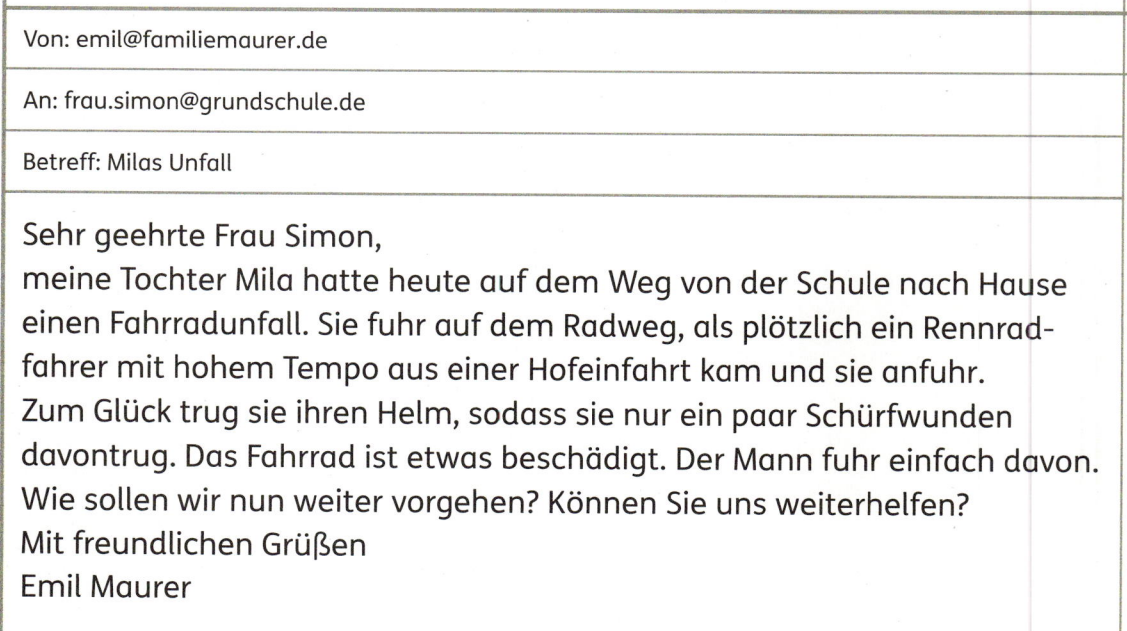

Senden   Anhang

Von: emil@familiemaurer.de
An: frau.simon@grundschule.de
Betreff: Milas Unfall

Sehr geehrte Frau Simon,
meine Tochter Mila hatte heute auf dem Weg von der Schule nach Hause einen Fahrradunfall. Sie fuhr auf dem Radweg, als plötzlich ein Rennradfahrer mit hohem Tempo aus einer Hofeinfahrt kam und sie anfuhr. Zum Glück trug sie ihren Helm, sodass sie nur ein paar Schürfwunden davontrug. Das Fahrrad ist etwas beschädigt. Der Mann fuhr einfach davon. Wie sollen wir nun weiter vorgehen? Können Sie uns weiterhelfen?
Mit freundlichen Grüßen
Emil Maurer

Texte schreiben

2 Beantworte die Fragen mithilfe der Texte aus Aufgabe 1.

| **Wer** war dabei? | **Wo** fand das Ereignis statt? | **Wann** fand das Ereignis statt? | **Was** passierte genau? **Wie** passierte es? **Welche** Folgen hatte es? |

 So kannst du einen Bericht schreiben:
- Beantworte alle **W**-Fragen:
  Wann? Wo? Wer? Was? Wie? Welche Folgen?
- Halte die logische Reihenfolge ein.
- Schreibe sachlich und genau. Verzichte auf eine eigene Meinung.
- Formuliere kurze Sätze in der 1. Vergangenheit.
- Nenne das Ereignis in der Überschrift.

3 Betrachte die Bilder. Schreibe die W-Fragen und die Antworten dazu auf.

4 Schreibe einen Unfallbericht für eine Zeitung. Verwende dazu deine Notizen aus Aufgabe 3.

5 Erstellt eine Checkliste und überarbeitet eure Berichte in einer Schreibkonferenz.

Ist der Bericht sachlich und in der richtigen Reihenfolge? Prüft die Rechtschreibung und die Zeitform.

Ich kann einen Bericht schreiben.

Wörter üben

Lernwörter und eigene Wörter
der Freund • der Bäcker • diesen • die Ärztin • lang • die Skizze • der Käfer • der Schmetterling • vielleicht • singen • überlegen • ...

Traumberufe
Noriko singt gut. Sie möchte Musikerin werden.
Auf dem Pausenhof fragt sie nach den Berufswünschen ihrer Freunde.
Paula reitet gerne. Sie möchte Pferdewirtin werden.
Alis Vater ist Bäcker. Deshalb möchte Ali auch diesen Beruf erlernen.
Tam bewundert ihre Ärztin. Sie will auch Menschen helfen.
Luan überlegt lang. Er zeichnet gerne Käfer und Schmetterlinge.
Seine Skizzen sehen täuschend echt aus.
Vielleicht sollte er Künstler werden?

1. Notiere die Lernwörter. Markiere schwierige Stellen.

2. Schreibe den Text ab. Markiere die Lernwörter.

3. Welche Wörter im Text willst du noch üben? Schreibe sie auf.

4. Vergleicht eure Lernwörter. Tauscht euch aus.

5. Untersucht ein Lernwort in einem Rechtschreibgespräch.

6. Suche fünf Lernwörter im Wörterbuch. Notiere die passende Seitenzahl.
   Schreibe so: der Freund S. XX, ...

7. Unterstreiche die Verben im Text von Aufgabe 2.

8. Schreibe fünf Verben aus Aufgabe 7 in der Gegenwart und in der Zukunft in der ich-Form auf. Schreibe so: ich singe — ich werde singen, ...

9. Schreibe die Nomen in der Einzahl und Mehrzahl auf.
   Kontrolliere mit dem Wörterbuch.
   Schreibe so: der Freund — die Freunde, ...

Wörter üben

Lernwörter und eigene Wörter
alt • jetzt • die Stadt • ob • abends • die Familie • warten • lachen • fröhlich • bringen • aufgeregt • …

Talis Fahrprüfung
Saras ältere Schwester Tali hat heute Fahrprüfung.
Sie macht ihren Roller-Führerschein und ist schon aufgeregt.
Deshalb hat ihr Sara gestern in der Stadt Glücksklee gekauft.
Ob er wirklich Glück bringt? Sara hofft es sehr.
Abends wartet die Familie gespannt.
Als Tali heimkommt, lacht sie fröhlich.
Sie hat bestanden.
Der Glücksklee steht jetzt auf Talis Schreibtisch.

○ **1** Notiere die Lernwörter. Markiere schwierige Stellen.

◐ **2** Schreibe den Text ab. Markiere die Lernwörter.

○ **3** Welche Wörter im Text willst du noch üben? Schreibe sie auf.

○ **4** Vergleicht eure Lernwörter. Tauscht euch aus.

● **5** Untersucht ein Lernwort in einem Rechtschreibgespräch.

◐ **6** Schreibe die Lernwörter nach dem Alphabet geordnet auf.

◐ **7** Unterstreiche die Verben im Text von Aufgabe 2.

● **8** Schreibe fünf Verben aus dem Text in der Grundform in der du-Form in eine Tabelle.
Ergänze die Zeitformen.

Grundform	Gegenwart	1. Vergangenheit	2. Vergangenheit	Zukunft
haben	du …	du …	du …	du …

Üben

Die Fälle des Nomens

1 In welchem Fall stehen die markierten Nomen?
Schreibe die Fragen und Antworten auf.
Schreibe so: Wer oder was steigt in den Zug? die Kinder (1. Fall)

Die Kinder steigen in den Zug.
Tristan öffnet der alten Dame die Tür.
Meike reserviert einen Sitzplatz für ihre Freundin.
Der Schaffner kontrolliert die Fahrkarten der Reisenden.

2 Erfrage die fehlenden Nomen. Setze das passende Nomen ein.
Bestimme die Fälle.

| der Bauer | des Bauers | dem Bauern | den Bauern |

Ohne ▓▓ hätten wir kein leckeres Brot.
Die Feldarbeit gefällt ▓▓.
Der Mähdrescher ▓▓ ist ganz neu.
▓▓ ist auf ihn sehr stolz.

3 In welchem Fall stehen die fehlenden Nomen?
Erfrage sie und schreibe die Sätze richtig auf. Denke an den Artikel.

Amina sucht ▓▓ (Informationen) im Internet.
Am Mittwoch war der Unfall ▓▓ (Mann).
▓▓ (Museum) gehören viele Bilder.
▓▓ (Junge) will Maler werden.

4 Schreibe die Sätze auf. Suche die Nomen im 3. und 4. Fall.
Erfrage und markiere sie unterschiedlich.

Die Trainerin erklärt den Kindern den Spielverlauf.
Theo schreibt dem Onkel einen Brief.
Tam erzählt ihrer Freundin einen Witz.

Üben

Wörter mit silbentrennendem h

1 Schreibe die Wörter auf. Zeichne die Silbenbögen und markiere das **h**: drehen, ...

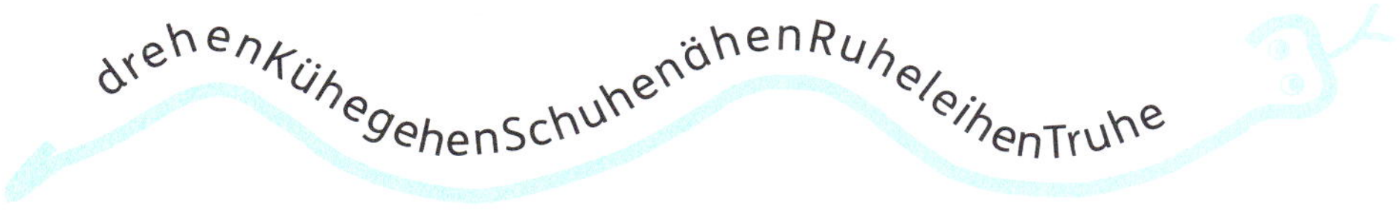

drehen Kühe gehen Schuhe nähen Ruhe leihen Truhe

2 Suche die Wortpaare. Schreibe so: es glüht – glühen, ...

es glüht | krähen | wehen | er fliet | nah

die Nähe | es weht | er kräht | glühen | fliehen

3 Bilde Sätze mit Wörtern aus Aufgabe 1.

Zukunft

4 Schreibe den Text ab. Markiere die Verben in der Zukunft.
Schreibe so: Lea wird am Samstag bei Julia übernachten.

Lea wird am Samstag bei Julia übernachten.
Julias Vater wird ein Lagerfeuer machen.
Lea wird Gitarre spielen.
Dann werden sie Stockbrot essen.
Julias Bruder Timo wird eine Geschichte vorlesen.
Nachts werden Lea und Julia im Zelt schlafen.

5 Was wird Noriko in der Zukunft machen? Bilde Sätze.
Schreibe so: Noriko wird ihre Oma besuchen.

Oma besuchen | ein Eis essen | ein Buch lesen | Karten spielen

57

Lernen lernen

Miteinander chatten

In einem Chat schicken sich Menschen gegenseitig Nachrichten.
Das Wort chatten ist englisch und bedeutet plaudern.
Mit Bildzeichen wie Emojis kannst du Wörter ersetzen und zeigen,
wie du dich fühlst: 🙂 ☹️
Um dich in Chat-Räumen anzumelden,
brauchst du einen Profilnamen und ein Passwort.

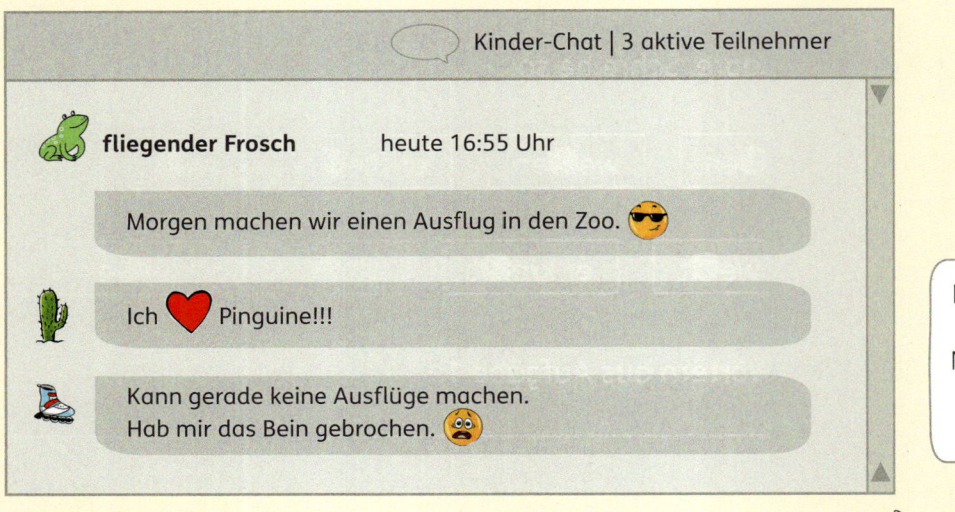

Der Profilname wird auch Nickname oder Nutzername genannt.

So kannst du sicher chatten:
- Bitte deine Eltern um Erlaubnis und nutze einen Chat, der für Kinder geeignet ist.
- Verwende nicht deinen echten Namen. Denke dir einen Profilnamen aus.
- Behalte wichtige Informationen für dich (Adresse, Telefonnummer, Passwörter).
- Verhalte dich freundlich und fair.
- Im Internet können Menschen auch lügen. Glaube nicht alles, was du in einem Chat liest.
- Chatte nicht mit Fremden.
- Triff dich nicht mit Leuten, die du nur aus dem Internet kennst.

Lernen lernen

Das Internet sicher nutzen

Das Internet bietet viele Möglichkeiten. Du kannst dich zum Beispiel mit anderen austauschen oder mithilfe von Suchmaschinen recherchieren.

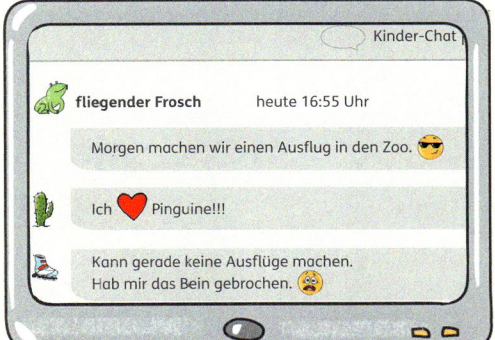

Chat

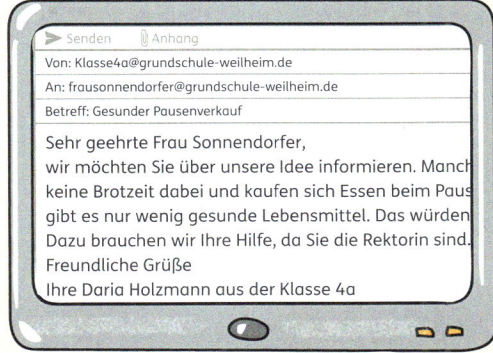

E-Mail

Suchmaschine

Videokonferenz

 So kannst du das Internet sicher nutzen:
- Nutze zur Recherche nur Kinderwebseiten.
- Glaube nicht alles, was im Internet steht! Prüfe alle Informationen im Netz sorgfältig: Vergleiche mit anderen Internetseiten oder Sachbüchern.
- Frage einen Erwachsenen, bevor du etwas aus dem Internet herunterlädst. Manche Downloads kosten etwas.
- Verrate keine persönlichen Daten und vertraue keinen Menschen, die du nicht kennst.
- Werbung ist oft schwer zu erkennen. Sei vorsichtig, bevor du etwas anklickst.

Sprechen und zuhören

Traumhaft und fantasievoll

Mit der Stimme spielen

○ **1** Seht euch die Figuren an. Wie könnten sie sprechen? Beschreibt mit passenden Adjektiven.

● **2** Sucht euch jeweils eine Figur aus Aufgabe 1 aus und denkt euch einen Namen für sie aus. Ergänzt die Sprechblasen und spielt den Dialog vor.

> Hallo, mein Name ist …

> Guten Tag. Es freut mich, Sie kennenzulernen. Mein Name ist …

> Freut mich! Heute ist ein wunderschöner Tag.

> In der Tat. Lassen Sie uns eine Runde spazieren gehen.

● **3** Es gibt viele Möglichkeiten, mit der Stimme zu spielen.
Ihr könnt zum Beispiel laut oder leise, schnell oder langsam sprechen.
Ihr könnt piepsen, krächzen, in Mundart oder vornehm sprechen, …
Probiert verschiedene Möglichkeiten aus und spielt sie vor.

> Gebt euch gegenseitig Tipps und nehmt euch anschließend auf.

Sprache untersuchen / Richtig schreiben

Wörter mit Dehnungs-h (M)

1 Lest den Text. Untersucht die markierten Wörter. Was fällt euch auf?

Ich möchte euch heute eine Geschichte aus dem Jahr 2043 erzählen.
Roboter wohnen bei uns zu Hause.
Der Tierroboter kümmert sich um
unsere Hühner und den Hahn.
Insgesamt haben wir zehn Tiere.
Diese brauchen täglich Nahrung.
Im Garten kümmert sich der Ernteroboter
um die Möhren, den Kohl und die Bohnen.
Täglich fahren wir mit
unseren Schwebebahnen zur Schule.
Ob diese Geschichte jemals wahr werden wird?

2 Schreibe alle markierten Wörter untereinander aus dem Text heraus.
Wird der Laut vor dem **h** kurz (.) oder lang (_) gesprochen? Markiere.

3 Suche verwandte Wörter zu den Wortstämmen **-jahr-**, **-erzähl-**,
-wohn- und **-fahr-**.
Markiere den Wortstamm. Überprüfe mit dem Wörterbuch.
Schreibe so: das |Jahr| – |jähr|lich, ...

4 Erkennst du die Rückwärtswörter?
Schreibe die Sätze auf. Ergänze die passenden Wörter.

| nelhoF | lhutslloR | lheM | elhöH | nemhaR |

Paul sitzt im ●●●.
Ein junges Pferd heißt ●●●.
Ein Drache wohnt in einer ●●●.
Das Bild hängt in einem schönen ●●●.
Ich brauche Eier, Butter, Zucker und ●●● für meinen Kuchen.

> Das **Dehnungs-h**,
> das ist nicht schwer –
> meist steht es vor
> **l**, **m**, **n**, **r**.

 Ich kenne Wörter mit Dehnungs-h.

Sprache untersuchen / Richtig schreiben

Mit Adjektiven beschreiben

1. Lest die Fabel. Warum ist der Rabe dumm und der Fuchs listig? Sprecht darüber.

> **Der Fuchs und der Rabe**
> An einem warmen Morgen saß ein Rabe mit einem leckeren Käsestück im Schnabel auf einem dicken Ast. Da kam ein schlauer Fuchs daher. Er überlegte, wie er an den köstlichen Käse kommen könnte und sprach den stolzen Raben an: „Ich habe gehört, dass du eine schöne Stimme hast." Der eitle Rabe fing sofort an zu singen.
> Dabei fiel ihm der Käse aus dem Schnabel.
> Blitzschnell schnappte der listige Fuchs den Käse und rannte davon.
> Der Rabe rief: „Du bist ein hinterlistiger Geselle!"
> Doch der Fuchs lachte nur über den dummen Raben.
> nach Äsop

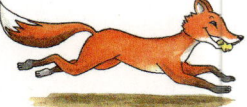

2. Schreibe alle Adjektive mit dem dazugehörigen Nomen aus der Fabel heraus. Schreibe so: der warme Morgen, das leckere Käsestück, …

3. Steigere alle Adjektive aus Aufgabe 2.
   Schreibe so:

Grundform	1. Vergleichsstufe	2. Vergleichsstufe
warm	wärmer	am wärmsten

4. Ordne die Adjektive richtig in die Tabelle von Aufgabe 3 ein.

   | gut | am besten | höher | am nächsten | mehr | besser |
   | viel | näher | am höchsten | nah | am meisten | hoch |

5. Bilde zusammengesetzte Adjektive. Schreibe so: die Faust + dick = faustdick

   | die Faust | die Kreide | das Messer | der Pfeil | der Hauch |

   | dünn | schnell | dick | bleich | scharf |

Sprache untersuchen / Richtig schreiben

Adjektive mit -isch, -sam, -haft, -bar, -los

1 Lest die Fabel. Was möchte der Dichter Äsop sagen? Tauscht euch aus.

> **Die beiden Frösche**
> An einem traumhaften Tag gingen zwei Frösche auf Wanderschaft, weil ihr Tümpel ausgetrocknet war. Sie blickten aufmerksam umher. Plötzlich entdeckten sie auf einem Bauernhof eine große Schüssel mit schmackhafter Milch, die himmlisch roch. Bedenkenlos sprangen sie hinein und tranken. Schließlich wollten sie die Schüssel verlassen, aber der Rand war nun unerreichbar und die Wand zu glatt. Rastlos strampelten sie in der Milch. Sie wurden immer hektischer. Langsam verließen sie ihre Kräfte. Der eine Frosch meinte: „Warum sollen wir uns anstrengen? Es ist aus!" Er ließ sich kraftlos zu Boden sinken und ertrank.
> Der andere Frosch aber strampelte immer weiter, bis sich die Milch spürbar veränderte. Sie war zu Butter geworden. Mühelos sprang er aus der Schüssel.
> nach Äsop

2 Ordne die markierten Wörter aus Aufgabe 1 nach Nachsilben. Schreibe sie in der Grundform auf und markiere die Nachsilben. Was fällt dir auf?

3 Suche die verwandten Nomen zu den Adjektiven aus Aufgabe 2. Schreibe so: traumhaft – der Traum, ...

4 Bilde aus den Nomen Adjektive mit **-isch**, **-haft**, **-sam**, **-bar** oder **-los**. Schreibe so: der Automat – automatisch, ...

| der Automat | der Schmerz | die Wache | der Dank | der Ekel |

5 Vergleicht eure Adjektive aus Aufgabe 4.

> Mit den Nachsilben **-isch**, **-haft**, **-sam**, **-bar** und **-los** können wir aus Nomen Adjektive bilden: *der Himmel – himmlisch, der Traum – traumhaft, die Aufmerksamkeit – aufmerksam, die Unerreichbarkeit – unerreichbar, die Bedenken – bedenkenlos.*

Sprache untersuchen / Richtig schreiben

Wörtliche Rede

1. Lest den Text mit verteilten Rollen.

   Ein Storch trifft auf einen Frosch.
   Er sagt: „Ich fresse für mein Leben gerne Breitmaulfrösche."
   „Zum Glück bin ich ein Spitzmaulfrosch", antwortet der Frosch
   mit gespitzten Lippen.
   „Na, dann muss ich weitersuchen", erwidert der Storch betrübt.

2. Schreibe den Text aus Aufgabe 1 ab.
   Markiere die wörtliche Rede und die Redebegleitsätze unterschiedlich.

3. Untersucht die Stellung des Redebegleitsatzes. Was fällt euch auf?

   > Was jemand sagt, heißt **wörtliche** Rede. Die wörtliche Rede steht
   > zwischen Anführungszeichen. Der Redebegleitsatz sagt uns, wer spricht.
   > Nach dem **vorangestellten Redebegleitsatz** steht ein Doppelpunkt:
   > *Der Storch sagt: „Ich fresse für mein Leben gerne Breitmaulfrösche."*
   > Redebegleitsatz Doppelpunkt Anführungszeichen wörtliche Rede Anführungszeichen
   >
   > Der **nachgestellte Redebegleitsatz** wird immer durch ein Komma
   > von der wörtlichen Rede abgetrennt. Der Punkt davor entfällt.
   > *„Zum Glück bin ich ein Spitzmaulfrosch", antwortet der Frosch.*
   > Anführungszeichen wörtliche Rede Anführungszeichen Komma Redebegleitsatz

4. Schreibe den Text mit den Zeichen der wörtlichen Rede auf.

   Nachts fiel eine Fledermaus ins Gras. Sofort stürzte sich eine Katze auf sie,
   um sie zu fressen. Die Fledermaus piepste ängstlich◉ ◉Was willst du von mir?
   Lass mich doch bitte am Leben!◉
   ◉Das kann ich nicht. Vögel sind meine Lieblingsspeise◉ ◉stieß die Katze hervor.
   Die Fledermaus beteuerte◉ ◉Aber ich bin doch gar kein Vogel! Ich bin eine
   Maus!◉
   ◉Oh, entschuldige◉ ◉antwortete die Katze und lief davon.

5. Markiere die wörtliche Rede und die Redebegleitsätze in Aufgabe 4
   unterschiedlich.

Sprache untersuchen / Richtig schreiben

Wortfelder

1. Lest das Märchen von Merit. Was fällt euch auf?

> **Mein Märchen vom Schlaraffenland**
> Es war einmal ein prächtiges Haus.
> Das Haus bestand aus lauter Leckereien.
> In dem Haus lebte eine Frau.
> Sie teilte die Leckereien an ihrem Haus mit den Kindern in der Stadt.
> Ein Junge aß am liebsten die Fensterläden aus Brezeln.
> Zwei Mädchen aßen die Dachziegel aus Zuckerwatte um die Wette.
> Andere Kinder aßen die Lutscherblumen, die aus dem Boden wuchsen.

2. Was könnte Merit tun, damit der Text interessanter klingt? Tauscht euch aus.

3. Entschlüssle die Wörter und ordne sie den Begriffen **Haus** und **essen** zu. Ergänze eigene Wörter.

| eduäbeG | negnilhcsrev | nereiborp | tsalaP | nrettuf | alliV |

> Ein **Wortfeld** besteht aus Wörtern mit gleicher oder ähnlicher Bedeutung. Wortfelder helfen uns, eine Geschichte spannender zu gestalten und uns genauer auszudrücken.

4. Schreibe den Text aus Aufgabe 1 mit passenden Wörtern aus dem Wortfeld **Haus** und **essen** auf.

5. Legt Wortfelder an. Sammelt sie auf Lernkarten.

| sagen | gehen | fahren | sehen | Person | froh |

Wortfelder helfen mir, mich genauer auszudrücken.

Texte schreiben

Sich in eine Figur hineinversetzen

1. Lest die Fabel. Sprecht darüber.

Der Fuchs und der Kranich

Einst lud der Fuchs den Kranich zu sich zum Essen ein.
Weil er sich über ihn lustig machen wollte, servierte er dem Kranich
eine köstliche Suppe in einer ganz flachen Schüssel.
Seinen spitzen langen Schnabel konnte der Kranich nur in die Schüssel
5 eintauchen, er bekam aber keinen Tropfen vom Teller.
Spöttisch wünschte der Fuchs seinem Gast:
„Guten Appetit! Lass es dir schmecken!"
und schlürfte selbst gierig seinen Teller leer.
Obwohl der Kranich sich über den Fuchs ärgerte,
10 dankte er ihm für seine Gastfreundschaft
und lud ihn für den nächsten Tag zu sich zum Essen ein.
Am nächsten Tag setzte der Kranich dem Fuchs
eine köstliche Mahlzeit vor – in einer Flasche
mit einem ganz engen, dünnen Hals.
15 Der Kranich pickte genüsslich die leckeren Happen
aus dem Flaschenhals, der Fuchs hingegen
musste sich mit dem Anblick
und dem köstlichen Duft
der Speisen begnügen.
20 Verärgert und hungrig verließ der Fuchs
den Kranich, musste sich aber eingestehen,
dass der Kranich ihn mit seinen eigenen
Waffen geschlagen hatte.

nach Äsop

Fabelmerkmale:
- Tiere haben menschliche Eigenschaften.
- Die Handlung spielt zu keiner bestimmten Zeit und an keinem bestimmten Ort.
- Fabeln werden in der Vergangenheit geschrieben.
- Fabeln sind kurz.
- Fabeln haben eine Lehre.

2. Seht euch die Fabelmerkmale an.
Wo findet ihr diese Merkmale im Text? Tauscht euch aus.

3. Was könnt ihr aus der Lehre der Fabel lernen? Überlegt gemeinsam.

Texte schreiben

4 Was erlebt der Fuchs? Was denkt und fühlt er? Was hat der Fuchs aus dieser Geschichte gelernt? Lies nach und notiere Stichwörter.

> Der Fuchs und der Kranich
> • ich lade den Kranich ein
> • ich serviere Suppe in flacher Schüssel
> • …

5 Erzähle die Fabel „Der Fuchs und der Kranich" aus der Sicht des Fuchses. Nutze deine Stichwörter aus Aufgabe 4

Ich gebe den Inhalt mit eigenen Worten wieder.

Ich erfinde nichts Neues dazu.

Ich erzähle in der richtigen Reihenfolge.

6 Schreibe eine Geschichte über den Fuchs und den Kranich aus der Sicht des Fuchses.

7 Wie könnt ihr Geschichten lebendig und spannend schreiben? Überlegt gemeinsam.

Ich verwende abwechslungsreiche Verben und beschreibe mit treffenden Adjektiven.

Wörtliche Rede macht meine Geschichte spannender.

8 Prüfe deine Geschichte. Ist sie lebendig und spannend geschrieben?

9 Sucht in Büchern oder im Internet nach weiteren Fabeln. Schreibt Geschichten aus der Sicht eines Fabeltieres.

MK Aufgabe 9   >> AH S. 40/41

Texte schreiben

Ein szenisches Spiel planen

1 Lest die Fabel. Wer sagt was? Tauscht euch aus.

Der Löwe und die Maus

Ein Löwe sah einen großen Baum und sagte zu sich:
„Oh, bin ich müde. Ich werde mich unter den großen Baum
in den Schatten legen und ein Mittagsschläfchen halten."
Eine übermütige kleine Maus tollte ausgelassen herum.
5 Sie sah den schlafenden Löwen nicht und lief über seine riesigen Pranken.
Der Löwe erwachte und rief:
„Wer wagt es, meinen Mittagsschlaf zu stören?"
Er nahm das ängstliche Mäuschen zwischen seine Pranken und sagte:
„Kleines Mäuschen, du wagst es, den König der Tiere zu wecken?
10 Das wird dir nicht gut bekommen!"
Zitternd vor Angst flehte die Maus:
„Verzeih mir meine Unvorsichtigkeit! Bitte lass mich am Leben!
Ich werde dir zum Dank einen Gegendienst erweisen."
Der verdutzte Löwe musste über die Dreistigkeit der kleinen Maus lachen.
15 Er ließ sie frei und fragte:
„Wie will so eine winzige Maus dem König der Tiere helfen können?"
Einige Zeit später geriet der Löwe in eine Falle, nicht weit von dem Erdloch,
in dem die Maus lebte. Sie hörte das Gebrüll des Löwen:
„Hilfe! Ich bin in einem Netz gefangen und kann mich nicht befreien!"
20 Flink eilte die Maus herbei und rief:
„Warte, ich helfe dir! Ich werde mit meinen spitzen Zähnen
die Knoten des Netzes zernagen."
Der Löwe sah, wie die Maus das Netz anknabberte. Er bedankte sich:
„Danke, kleine Maus. Nun kann ich das Netz zerreißen und mich befreien."

nach Äsop

2 Was könnt ihr aus der Fabel lernen? Erklärt.

3 Lest die Fabel von Aufgabe 1 mit verteilten Rollen.

> Wir brauchen einen Erzähler, einen Löwen und eine Maus.

Texte schreiben

4 Wie fühlen sich der Löwe und die Maus?
Beschreibt sie mit passenden Adjektiven.

5 Schreibe die Fabel zu einem szenischen Spiel um.
Nutze die wörtliche Rede der Fabel. Setze die Regieanweisungen in Klammern.
Schreibe so:

> **Der Löwe und die Maus**
> Löwe (gähnt): Oh, bin ich müde!...
> Maus (läuft ausgelassen herum, sieht den schlafenden Löwen nicht,
>   läuft über seine Pranken)
> Löwe (wacht auf, nimmt die Maus zwischen seine Pranken):
>   Wer wagt es, meinen Mittagsschlaf zu stören? Du kleines Mäuschen, ...
> Maus (zitternd vor Angst): Verzeih mir meine Unvorsichtigkeit! ...
> Löwe ...

6 Verteilt die Rollen. Überlegt, wie ihr die Gefühle der Tiere mit Stimme, Gestik und Mimik ausdrücken könnt.

Ich spreche deutlich und verstelle meine Stimme passend zur Figur.

Ich bewege mich wie die Figur und überlege mir passende Mimik und Gestik.

> **Mimik** ist ein anderes Wort für Gesichtsausdruck.
> **Gestik** ist die Körpersprache mit passenden Bewegungen.

7 Was braucht ihr, um die Fabel „Der Löwe und die Maus" aufzuführen?
Überlegt und schreibt gemeinsam ein Drehbuch. >> S. 74

8 Führt euer szenisches Spiel auf. >> S. 75

Ihr könnt das szenische Spiel filmen.

9 Wie hat die Zusammenarbeit geklappt? Berichtet.

Wörter üben

Lernwörter und eigene Wörter
der Mensch • trinken • fahren • die Tür • reich • neu • ihr • nie • ruhig • wieder • arm • …

Die Feldmaus und die Stadtmaus
Einmal fuhr eine reiche Stadtmaus zu einer armen Feldmaus.
Die Feldmaus servierte der Stadtmaus harte Wurzeln und Nüsse.
Danach lud die Stadtmaus ihre Freundin zu sich ein.
Sie führte die Feldmaus in eine neue volle Speisekammer.
Dort aßen und tranken sie von den fetten Speisen der Menschen.
Plötzlich öffnete sich die Tür. Die Feldmaus erschrak fürchterlich.
Ängstlich floh sie und rannte stürmisch nach Hause.
Sie liebte ihr ruhiges Landleben und wollte nie wieder
in die gefährliche Stadt.
nach Martin Luther

1 Notiere die Lernwörter. Markiere schwierige Stellen.

2 Schreibe den Text ab. Markiere die Lernwörter.

3 Welche Wörter im Text willst du noch üben? Schreibe sie auf.

4 Vergleicht eure Lernwörter. Tauscht euch aus.

5 Untersucht ein Lernwort in einem Rechtschreibgespräch.

6 Schreibe die Lernwörter nach dem Alphabet geordnet auf.

7 Schreibe die Adjektive aus dem Text auf.

8 Steigere die Adjektive von Aufgabe 7.
Schreibe so: reich – reicher – am reichsten, …

9 Ordne jedem Adjektiv ein anderes passendes Nomen zu und bilde Sätze.
Schreibe so: Der reiche König …

Mit Adjektiven beschreiben

1 Trage die Adjektive und die Vergleichsstufen in eine Tabelle ein.
Schreibe so:

Grundform	1. Vergleichsstufe	2. Vergleichsstufe
schief	...	...

schief   wilder   billiger   schlechter   billig

am wildesten   am schiefsten   am schlechtesten

am billigsten   wild   schiefer   schlecht

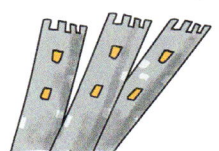

2 Trage die Adjektive in eine Tabelle ein. Ergänze die fehlenden Vergleichsstufen.
Schreibe so:

Grundform	1. Vergleichsstufe	2. Vergleichsstufe
hell	heller	am ...

hell   kräftig   warm   lang   früh   hoch   gut

3 Zerlege die zusammengesetzten Adjektive.
Schreibe so: strohblond: das Stroh + blond, ...

strohblond   blitzblank   steinalt   ofenfrisch   rabenschwarz

4 Suche alle Adjektive im Text. Schreibe sie in der Grundform auf.

Ein brauner Hund stahl einem kleinen Hund ein dickes Stück Fleisch.
Er ging mit seiner fetten Beute über eine schmale Brücke.
Als er in das klare Wasser blickte, sah er einen Hund,
der ein noch leckereres Stück Fleisch im Maul festhielt.
Der mutige Hund sprang ins kalte Wasser
und schnappte nach dem harmlosen Hund.
Doch er bekam ihn nicht zu fassen.
Da fiel ihm sein köstliches Fleischstück ein, das nun verloren war.

Üben

Adjektive mit -isch, -sam, -haft, -bar, -los

1 Suche die verwandten Wörter. Schreibe so: der Plan – planbar, ...

| der Plan | der Schreck | die Furcht | das Kind | die Mühe |

| kindisch | mühelos | planbar | schreckhaft | furchtsam |

2 Setze die Wortbausteine mit den Nachsilben zu Adjektiven zusammen. Markiere die Nachsilben. Schreibe so: furchtbar, ...

| furcht- | wunder- | zauber- | herz- | stürm- |

| -los | -isch | -bar | -sam | -haft |

Gibt es die Adjektive wirklich? Prüfe mit dem Wörterbuch.

3 Suche die verwandten Nomen zu den Adjektiven. Schreibe so: sichtbar – die Sicht, ...

| sichtbar | ziellos | arbeitsam | fehlerhaft | mühsam |

| strafbar | himmlisch | hilflos | spöttisch | gewissenhaft |

4 Bilde aus den Nomen Adjektive mit **-isch**, **-haft**, **-sam**, **-bar** oder **-los**. Schreibe so: der Halt – haltbar, ...

| der Halt | der Ekel | die Mode |

| die Sorge | der Rat | die Folge |

Manchmal gibt es zwei Lösungen.

5 Bilde Sätze mit den Adjektiven aus Aufgabe 4.

Wörtliche Rede

1 Schreibe die Sätze mit den Zeichen der wörtlichen Rede auf. Markiere sie.
Schreibe so: „Ich kann schneller laufen als du", sagte der Igel zum Hasen.

Ich kann schneller laufen als du	sagte der Igel zum Hasen.
Du kannst niemals so schnell sein wie ich	antwortete der Hase.
Wir laufen um die Wette	schlug der Igel vor.
Ja, lass uns das machen	freute sich der Hase.

2 Schreibe den Text mit den Zeichen der wörtlichen Rede auf.

Ole fragt seinen Freund Sinan▪ ▪Haben wir heute Hausaufgaben auf?▪
▪Klar, wir müssen eine Fabel nacherzählen▪ ▪antwortet Sinan.
Ole meint▪ ▪Die Fabel mit dem Löwen und der Maus hat mir gut gefallen.▪
▪Ich fand am besten, dass die Maus dem Löwen helfen konnte▪ ▪
entgegnet Sinan.

3 Markiere die wörtliche Rede und die Redebegleitsätze in Aufgabe 2 unterschiedlich.

4 Schreibe das Gespräch mit den Zeichen der wörtlichen Rede und den passenden Begleitsätzen auf.
Verwende unterschiedliche Verben für **sagen**.

73

Lernen lernen

Ein Drehbuch schreiben

In einem szenischen Spiel versetzt ihr euch in eine Figur und spielt diese Rolle. In einem Drehbuch steht, wo die Handlung spielt, was die Figuren sagen und wie sie handeln. Auch die benötigten Requisiten (Gegenstände) und Kostüme werden angegeben.

Szene 1:
Fuchs und Kranich stehen an einem Wegrand.
Fuchs (hinterlistig): Möchtest du heute Abend zum Essen kommen?
Kranich (erfreut):   Oh ja! Sehr gerne. Wann darf ich da sein?
Fuchs (grinsend):   Gegen 18 Uhr wäre prima.
Fuchs und Kranich verabschieden sich und gehen in verschiedene Richtungen.

Szene 2:
Tisch mit 2 Stühlen, 2 Suppenteller, …

So könnt ihr ein Drehbuch schreiben:
- Überlegt, was ihr aufführen wollt und für wen ihr spielen möchtet.
- Schreibt ein Drehbuch:
    - Schreibt mit Regieanweisungen auf: Was passiert? Wer sagt was?
    - Überlegt euch passende Musik oder Geräusche.
    - Gebt auch an, ob Requisiten oder Kostüme benötigt werden.

Lernen lernen

Ein szenisches Spiel aufführen

Wenn das Drehbuch fertig ist, könnt ihr das Stück aufführen.

 So könnt ihr ein szenisches Spiel aufführen:
- Klärt, wo und wann ihr euer Stück aufführen wollt.
- Verschickt rechtzeitig die Einladungen.
- Lernt die Texte auswendig und übt die Rollen:
  – Sprecht deutlich und verstellt eure Stimme passend zur Figur.
  – Denkt an passende Mimik und Gestik.
  – Gebt euch gegenseitig Tipps.
- Sucht Requisiten und gestaltet eventuell Hintergrundbilder.
- Überlegt, welche Gegenstände oder Instrumente ihr für die Geräusche braucht.
- Verteilt Aufgaben: Wer prüft, ob alles wie geplant gespielt wird? Wer macht Musik und Geräusche? Wer filmt die Aufführung? …

Sprechen und zuhören

Der Natur auf der Spur

Ein Bild beschreiben

○ **1** Betrachtet das Bild. Erzählt.

Chiemseelandschaft mit Knaben an einem Ruderboot, Hermann Kaufmann d. Ä.

◐ **2** Überlegt euch W-Fragen zum Bild und beantwortet sie.

 Wie viele Personen siehst du auf dem Bild?

 Wo sind die Kinder?

So kannst du ein Bild beschreiben:
- Sage zuerst, wie das Bild heißt und wer es gemalt hat.
- Beschreibe genau, was auf dem Bild passiert:
  – Wo befinden sich Personen und Gegenstände?
  – Im Vordergrund, im Hintergrund, in der Bildmitte, links, rechts, …
  – Wie sehen Personen und Gegenstände aus?
  – Was passiert? Was machen die Personen?
- Sage zum Schluss, wie dir das Bild gefällt.

● **3** Beschreibt das Bild genau. Nutzt die W-Fragen aus Aufgabe 2.

Sprache untersuchen / Richtig schreiben

Wörter mit ss und ß

1 Lies den Text.
Schreibe alle Wörter mit **ss** und **ß** in eine Tabelle.

ss	ß
das Wasser	...

Lebensraum Wald

Der Wald bietet Pflanzen, Tieren und Menschen einen wichtigen Lebensraum. Er speichert Wasser und reinigt die Luft. Wenn im Herbst die Bäume ihre Blätter und Früchte abwerfen, beginnt in der unteren Etage das große Fressen. Der nasse Waldboden ist voll von fleißigen Ameisen, Maden und Würmern. Werden Bäume vom Sturm niedergerissen, wachsen junge Bäume nach und schließen die Lichtung. Viele Pflanzen haben sich den Lichtbedingungen im Wald angepasst. Sie blühen bereits im Frühling, bevor die Bäume Blätter tragen. An heißen Sommertagen bietet der Wald kühle Temperaturen und interessante Entdeckungen.

2 Wie werden die Laute vor **ss** und **ß** gesprochen?
Markiere kurz (.) oder lang (_) in der Tabelle aus Aufgabe 1. Was fällt dir auf?

> Folgt einem kurz gesprochenen Vokal ein s-Laut, schreiben wir meist **ss**: *das Wa̦sser*. Ein **ß** steht nur nach einem lang gesprochenen Vokal, Umlaut oder Zwielaut: *gro̱ß*

3 Schreibe die Verben **schließen** und **reißen** in allen Personalformen in der Gegenwart auf.

4 Schreibe die Verben aus Aufgabe 3 in der ich-Form in der 1. und 2. Vergangenheit und in der Zukunft auf.
Markiere den Laut vor **ss** und **ß** kurz (.) oder lang (_).

Die Wortstämme ändern sich.

1. Vergangenheit	2. Vergangenheit	Zukunft
ich schlo̦ss	ich ...	ich ...

Sprache untersuchen / Richtig schreiben

Subjekt und Prädikat

1 Schreibe die Sätze auf. Ergänze die passenden Wörter.

| der Stamm | die Wurzeln | Äste und Zweige | die Blätter |

▓ leiten das Wasser in die Blätter.

▓ filtern Schmutz aus der Luft. Dabei produzieren sie Sauerstoff. Sauerstoff brauchen Menschen und Tiere zum Atmen.

▓ verankern den Baum im Boden. Sie filtern Wasser und Nährstoffe aus dem Boden.

▓ verteilt Wasser und Nährstoffe in alle Teile des Baumes.

2 Erfrage die eingesetzten Wörter in Aufgabe 1.
Schreibe so: Wer oder was leitet das Wasser in die Blätter? – Äste und Zweige

3 Erfrage die Verben in den Sätzen von Aufgabe 1.
Schreibe so: Was tun Äste und Zweige mit dem Wasser? – leiten

> Mit der Frage **Wer oder was …?** finden wir das **Subjekt** in einem Satz.
> Das Subjekt ist oft ein **Nomen oder Pronomen**.
> Mit den Fragen **Was tut …?** oder **Was passiert?** finden wir das **Prädikat (Satzkern)** in einem Satz. Das Prädikat ist immer ein **Verb**.
> Subjekt und Prädikat sind Satzglieder.

4 Stelle in jedem Satz aus Aufgabe 1 die Satzglieder um.
Erfrage und markiere jeweils das Subjekt und das Prädikat.

Sprache untersuchen / Richtig schreiben

Das zweiteilige Prädikat

1 Erfragt in jedem Satz das Prädikat. Was fällt euch auf? Sprecht darüber.

Besuch bei der Försterin
Sinan ist früh aufgewacht.
Heute will er die Försterin besuchen.
Er zieht seine wetterfeste Kleidung an.
Schnell packt er noch seinen Fotoapparat ein.
Im Wald sieht er mit der Försterin einige Bäume genauer an.
Am Ende des Tages gehen beide zurück ins Forstamt.

2 Schreibe den Text in Aufgabe 1 auf. Markiere die Prädikate.

> Ein Prädikat kann auch aus zwei Teilen bestehen:
> *... ist ... aufgewacht, ... will ... besuchen, ... zieht ... an*

3 Schreibe die Sätze auf. Setze die zweiteiligen Prädikate richtig ein. Markiere sie.

| ist hochgeklettert | umfallen | herabfallen | wird fliehen |

Im Herbst ⬤ die Blätter von den Bäumen ⬤.
Das scheue Reh ⬤ beim Knacken des Astes ⬤.
Kranke Bäume ⬤ bei starken Stürmen ⬤.
Das Eichhörnchen ⬤ am Stamm des Baumes ⬤.

4 Bilde Sätze und markiere die zweiteiligen Prädikate.

| wegbringen | wollen klettern | aufräumen | müssen trinken |

| können lesen | herausschreiben | ausdrucken | wollen essen |

Ich kann Sätze mit zweiteiligen Prädikaten bilden.

Sprache untersuchen / Richtig schreiben

Satzergänzung im 3. Fall

○ **1** Lest die Wortkarten. Was fällt euch auf?

| Die Hasen begegnen |

| Der Fuchs folgt |

◐ **2** Ergänzt die Sätze aus Aufgabe 1. Fragt nach der Ergänzung.

Wem ...?

◐ **3** Lest die Sätze. Was fällt euch auf?

| Die Maus friert. |

| Der Hund gehört. |

> Manche Prädikate fordern eine Satzergänzung. Erst dann ist der Satz vollständig. Eine Satzergänzung ist ein Satzglied. Sie kann in verschiedenen Fällen stehen.
> Wir bestimmen die **Satzergänzung im 3. Fall** mit der Frage: **Wem ...?**
> *Wem begegnen die Hasen? – der Försterin*

◐ **4** Schreibe die Sätze auf. Setze die Satzergänzungen im 3. Fall richtig ein.

Igor gefallen ●●●.
Lotte nähert sich vorsichtig ●●●.
Mischa und Leo danken ●●●
für die tolle Führung.

| der Försterin | | einer kleinen Kröte |

| die verschiedenen Baumarten |

◐ **5** Schreibe die Sätze auf. Erfrage und markiere die Satzergänzungen im 3. Fall.

Charlotte hilft der Försterin im Wald.
Die Eicheln schmecken dem Eichhörnchen.
Linus lauscht den Waldgeräuschen.

Sprache untersuchen / Richtig schreiben

Satzergänzung im 4. Fall

1 Schreibe die Wortkarten auf. Unterstreiche das Subjekt und das Prädikat. Was fällt dir auf?

| Die Kröte findet |

| Die Ameise sucht |

2 Ergänzt die Sätze aus Aufgabe 1. Fragt nach der Ergänzung.

Wen oder was ...?

3 Lest die Sätze. Was fällt euch auf?

| Der Hirsch schläft. |

| Der Regenwurm sieht. |

> Manche Prädikate fordern eine Satzergänzung. Erst dann ist der Satz vollständig. Eine Satzergänzung ist ein Satzglied. Sie kann in verschiedenen Fällen stehen.
> Wir bestimmen die **Satzergänzung im 4. Fall** mit der Frage:
> **Wen oder was ...?** *Wen oder was findet die Kröte? – den Teich*

4 Schreibe die Sätze auf. Setze die Satzergänzungen im 4. Fall richtig ein.

Franz kennt ●.
Heute besucht Yannik ●.
Timo ruft ● mit dem Handy an.

| viele Tiere | | den Wildpark |
| seinen großen Bruder |

5 Schreibe die Sätze auf.
Erfrage und markiere die Satzergänzungen im 4. Fall.

Mila und Emma mögen Waldspaziergänge.
Mila hört einen Kuckuck.
Dann entdecken sie Tierspuren.

Sprache untersuchen / Richtig schreiben

Satzglieder

1 Schreibt die Satzglieder auf Wortkarten. Stellt die Satzglieder um.

| Emma | beobachtet | heute | Wildenten | mit dem Fernglas. |

Umstellprobe: Satzglieder kannst du umstellen.
Emma | beobachtet | heute | Wildenten | mit dem Fernglas.
Mit dem Fernglas | beobachtet | Emma | heute | Wildenten.

2 Welche Satzart entsteht, wenn das Prädikat an erster Stelle im Satz steht? Tauscht euch aus.

3 Untersucht die Sätze. Was verändert sich?

Die Klasse macht eine Waldrallye.
Die Klasse macht einen Waldspaziergang.
Die Gruppe macht …
Die Gruppe plant …

Ersatzprobe: Du kannst Satzglieder durch andere ersetzen.
Die Klasse macht eine Waldrallye.
Die Klasse macht einen Waldspaziergang.

4 Bilde eine Satzpyramide, die erst größer und dann kleiner wird.

Maja wandert.
Maja wandert mit Freunden.
Maja wandert heute mit Freunden.
Maja …

Erweiterungsprobe: Mit Satzgliedern kannst du einen Satz erweitern.
Weglassprobe: Du kannst Satzglieder weglassen, ohne dass ein Satz falsch wird.
Maja wandert.   Maja wandert mit Freunden.

Sprache untersuchen / Richtig schreiben

5 Schreibe die Sätze auf und markiere die Satzglieder.
Nutze alle Proben.

Die Vögel singen in den Baumspitzen.
Bunte Blumen blühen im Sommer auf den Wiesen.
Hohe Berggipfel sind den ganzen Winter mit Schnee bedeckt.

6 Vergleicht eure Sätze von Aufgabe 5.

7 Schreibe die Sätze auf und setze die Satzglieder richtig ein.
Markiere die eingesetzten Wörter.

| einem Ball | ihrem Kollegen | den Zoo | einen Unterschlupf |

Die Kinder jubeln.
Sie besuchen ▓.
Der Braunbär Bruno spielt.
Er läuft ▓ hinterher.
Es regnet.
Die Erdmännchen suchen ▓.
Sie warten.
Die Tierpflegerin reinigt das Nashorngehege.
Sie gibt ▓ den Besen.

8 Erfrage und notiere die markierten Satzglieder in Aufgabe 7.
Schreibe so: den Zoo: Satzergänzung im 4. Fall

9 Welche Prädikate aus Aufgabe 7 benötigen eine Satzergänzung?
Trage die Verben in der Grundform in die Tabelle ein.

Verb ohne Satzergänzung	Verb mit Satzergänzung im 3. Fall	Verb mit Satzergänzung im 4. Fall
jubeln	...	besuchen ...

10 Vergleicht eure Tabellen aus Aufgabe 9.

>> AH S. 48/49

Texte schreiben

Eine Anleitung schreiben

1 Seht euch die Stichwörter und Bilder an. Erzählt.

- Kiste mit Löchern im Boden
- mit Zeitungspapier auslegen und Tonkugeln einstreuen
- Erde einfüllen und Sand untermischen
- Samen aussäen oder Pflanzen einsetzen

2 Was brauchst du, um einen Minigarten anzulegen?
Schreibe so: Kiste mit Löchern, Zeitungspapier, ...

So kannst du eine Anleitung schreiben:
- Schreibe in der Überschrift, wofür die Anleitung ist.
- Nenne die Gegenstände, die du benötigst.
- Beschreibe den Ablauf der Arbeiten genau.
- Beachte die richtige Reihenfolge.
- Verwende treffende Verben und unterschiedliche Satzanfänge.
- Schreibe in der Gegenwart.

3 Schreibe eine Anleitung für einen Minigarten.
Die Stichwörter aus Aufgabe 1 helfen dir. >> S. 90/91

> Bei Anleitungen muss ich überlegen, was andere wissen müssen, um sie zu verstehen.

4 Überarbeitet eure Anleitungen in einer Schreibkonferenz.

Ich kann eine Anleitung schreiben.

Texte schreiben

Zu einem Bild schreiben

1. Seht euch das Bild an. Was könnte passieren? Tauscht euch aus.

2. Sammle Stichwörter zu dem Bild in Aufgabe 1. Erstelle eine Mindmap.

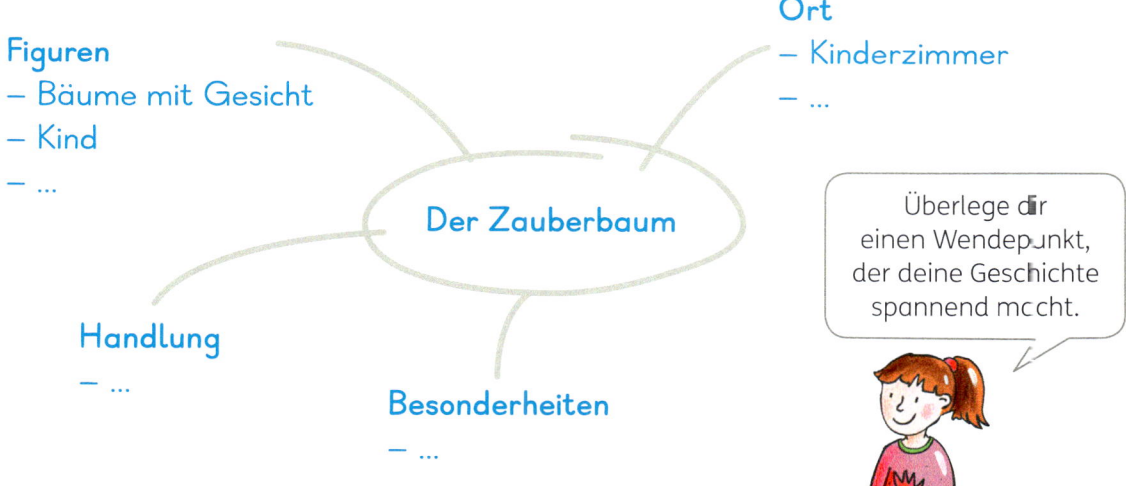

3. Schreibe eine spannende und lebendige Geschichte zu dem Bild in Aufgabe 1. Nutze deine Mindmap aus Aufgabe 2. Du kannst deine Geschichte auch mit dem Computer schreiben. >> S. 90/91

4. Überarbeitet eure Geschichten in einer Schreibkonferenz.

Ich kann eine Geschichte zu einem Bild schreiben.

Wörter üben

Lernwörter und eigene Wörter
der Pilz • erschrecken • seinen • nachlassen • die Tasche • aufbrechen • sammeln • stark • das Gewitter • die Höhle • der Kompass • ...

Das Gewitter
Noriko und Timo brechen am Morgen auf, um im Wald Pilze zu sammeln.
Timo hat seinen Kompass in der Tasche.
Doch weit kommen die beiden nicht.
Ein Gewitter braut sich zusammen.
Die dunklen Wolken am Himmel erschrecken sie.
Als es kurz darauf sehr stark regnet, kehren sie um.
Die Kinder müssen Unterschlupf in einer Höhle suchen.
Als der Regen nachlässt, suchen sie bis zum Abend weiter.
Sie kommen mit vollen Körben nach Hause.

○ **1** Notiere die Lernwörter. Markiere schwierige Stellen.

◐ **2** Schreibe den Text ab. Markiere die Lernwörter.

○ **3** Welche Wörter im Text willst du noch üben? Schreibe sie auf.

○ **4** Vergleicht eure Lernwörter. Tauscht euch aus.

● **5** Untersucht ein Lernwort in einem Rechtschreibgespräch.

◐ **6** Schreibe alle Lernwörter in Silben auf.

◐ **7** Ordne alle Lernwörter nach Wortarten.
Schreibe so: Nomen: der Pilz, ...
Verben: ...
Adjektive: ...
sonstige Wörter: ...

● **8** Erfinde fünf Quatschsätze mit möglichst vielen Lernwörtern.
Schreibe so: Die Pilze sammeln Heilkräuter.

Üben

Wörter mit ss und ß

1 Schreibe den Text auf. Setze die Wörter mit **ß** richtig ein.

| dreißig | Schweiß | schließen | Großvater |

| heiß | großen | Schweißer |

Merits ● erzählt von seinem Beruf.
Früher hat er als ● in einer ● Fabrik
für Werkzeuge gearbeitet.
Beim Löten der Teile wurde das Metall ziemlich ●.
Den Arbeitern stand oft der ● auf der Stirn.
Nach ● Jahren musste die Firma ●.

2 Markiere alle Wörter mit **ß** im Text aus Aufgabe 1. Wird der Laut davor kurz oder lang gesprochen? Markiere kurz (.) oder lang (_).

3 Schreibe die Reimwörter auf. Markiere **ß** und den lang gesprochenen Laut davor. Schreibe so: aßen – vergaßen, …

| a●en | sto●en | die Fü●e | au●en |

| So●en | drau●en | verga●en | die Grü●e |

4 Schreibe die Verbformen auf, die zusammengehören.
Schreibe so: er fließt - er floss, …

| er fließt | sie maß | er weiß | es sprießt |

| er wusste | er floss | es spross | sie misst |

5 Suche verwandte Wörter. Markiere den Wortstamm.
Schreibe so: fließen: das Floß, …

| fließen | gießen | schießen |

6 Bilde Sätze mit den Wörtern aus Aufgabe 5.

87

Üben

Subjekt und Prädikat

1 Schreibe die Sätze ab. Erfrage und markiere die Subjekte.

Die Klasse besucht den Förster.
Ein Junge sammelt Äste.
Abends regnet es.

Wer oder was besucht den Förster?

2 Erfrage und markiere die Prädikate in den Sätzen aus Aufgabe 1.

Was passiert?   Was tut jemand?

3 Schreibe die Sätze ab. Erfrage und markiere die Prädikate.

Im Wald arbeitet der Förster.
Für einen Traumfänger sammelt Sinan Äste.
Der Tierfilm erzählt vom Leben der Ameisen.
Der Wald besteht aus verschiedenen Stockwerken.

Das zweiteilige Prädikat

4 Schreibe die Sätze ab. Erfrage und markiere die Prädikate.

Ali liest interessiert die Naturzeitschrift durch.
Sinan will das Material für den Traumfänger bereitlegen.
Noriko wird ihr Lernplakat mit einem Foto gestalten.
Lotte muss die Unterlagen für das Waldprojekt vorbereiten.

5 Bilde Sätze mit zweiteiligen Prädikaten.

| aufwecken | hinsetzen | möchte lesen | anzeigen |

| überlaufen | wird kochen | wegfahren | will kaufen |

88

Üben

Satzergänzungen im 3. und 4. Fall

1 ✍ Schreibe die Sätze und die Fragen auf.
Markiere die Satzergänzungen im 3. Fall und im 4. Fall.

Den Kindern gefällt das Lernplakat.
Dem Eichhörnchen schmecken die Nüsse.
Ali mag Tierfilme.
Lotte begrüßt den Förster.

Wem gefällt das Lernplakat?
Wem schmecken die Nüsse?
Wen oder was mag Ali?
Wen oder was begrüßt Lotte?

2 ✍ Schreibe die Sätze auf.
Erfrage und markiere die Satzergänzungen im 3. Fall und im 4. Fall.

Emma entdeckt viele unterschiedliche Tierspuren.
Manchmal hilft Hugo dem Förster.
Der Hochsitz gefällt Merit.
Das Mädchen sammelt einen Korb voller Kastanien.

Wem?
Wen oder was?

Satzglieder

3 ✍ Stelle die Satzglieder um. Wie viele Sätze kannst du bilden?
Markiere die Satzglieder.

Jesse und Martha spülen am Sonntag
nach dem Abendessen gerne das Geschirr.

4 ✍ Ersetze jedes Satzglied einmal. Schreibe die neuen Sätze auf.

Am liebsten mag Xaver lustige und unterhaltsame Comics.

5 ✍ Bilde mit den Sätzen Satzpyramiden, die erst größer und dann kleiner werden.

| Erkan spielt. | Hannes malt. | Lia schwimmt. |

6 ✍ Bilde eine eigene Satzpyramide.

Lernen lernen

Texte schreiben

Wenn du einen Text schreiben willst, solltest du dir vorher Gedanken machen. Überlege, welchen Text und für wen du schreiben möchtest.

Eine Wörtersammlung hilft dir, einen Text genau und abwechslungsreich zu formulieren. Suche passende Verben und Adjektive.
Überlege auch, ob bestimmte Fachbegriffe notwendig sind.

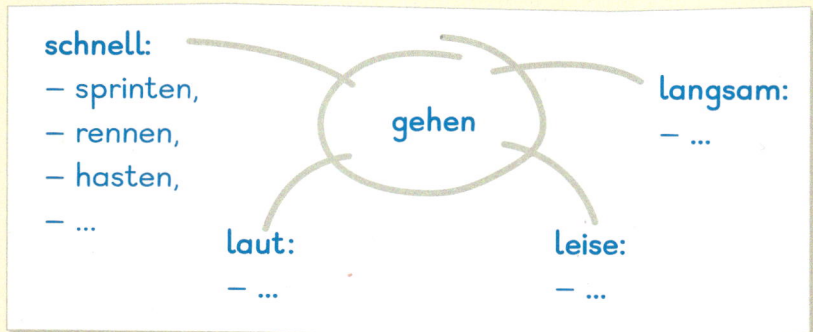

Es gibt verschiedene Textsorten. Beachte in deinem Text wichtige Merkmale
- bei Geschichten, Märchen, Fabeln, ...
- bei Sachtexten, Anleitungen, Berichten, ...

Eine Geschichte folgt einem roten Faden:
Ausgangssituation – Ereignis – Ausgang.
Ein Sachtext ist in sinnvolle Abschnitte unterteilt.

Lernen lernen

Prüfe deinen Text:

Inhalt:
- passende Überschrift
- verständlicher Ausdruck
- sinnvolle Abschnitte
- treffende Begriffe
- richtige Reihenfolge
- ...

Adjektive für groß: enorm, gigantisch, lang, ...

Passt der Inhalt zur Textsorte?

Sprache:
- abwechslungsreiche Satzanfänge
- einheitliche Zeitform
- passende Pronomen
- passende Sprache, z. B. Fachbegriffe oder Märchenwörter
- ...

*Zuerst ...
Danach ...
Nun ...
Zuletzt ...*

Ist die Geschichte lebendig und spannend geschrieben?

Rechtschreibung:
- Wörter richtig geschrieben
- Satzzeichen richtig gesetzt
- ...

Überprüfe mit dem Wörterbuch.

 So kannst du einen Text schreiben:
- Plane den Text sinnvoll:
  - Für wen schreibst du?
  - Welche Wörter kannst du verwenden?
  - An welche Merkmale musst du dich halten?
- Schreibe einen Entwurf.
- Überarbeite deinen Entwurf. Achte auf:
  - den Inhalt,
  - die Sprache,
  - die Rechtschreibung.
- Eine Schreibkonferenz kann dir beim Überarbeiten deines Entwurfes helfen.
- Überlege, wie du deinen Text gestalten und präsentieren möchtest. Du kannst auch mit dem Computer schreiben.

Sprechen und zuhören

Hier und anderswo

Wie bitte?

1. Lest den Ausschnitt aus dem Liedtext. Erklärt, worum es geht.

> Drunt in da greana Au
> steht a Birnbam sche blau, juche.
> Drunt in da greana Au
> steht a Birnbam sche blau.
>
> Was is an dem Bam?
> A wunderschena Ast.
> Ast am Bam, Bam in der Au.
> Drunt in da greana Au
> steht a Birnbam sche blau, juche.
> Drunt in da greana Au steht a Birnbam sche blau.
>
> *Volksgut*

2. Sucht weitere Lieder und Gedichte in Mundart. Erstellt eine Sammlung.

3. Informiert euch über Mundarten und Dialekte. Recherchiert im Internet oder fragt eure Eltern und Großeltern. Stellt eure Ergebnisse vor. >> S. 106

4. Welche Gründe kennt ihr noch, wenn Menschen etwas nicht verstehen? Tauscht euch aus.

> Emma kommt zu spät zur Schule.
> „Ich habe einen Star gesehen und da musste ich einfach stehen bleiben."
> „Wie heißt er denn?"
> „Keine Ahnung! Danach habe ich den Vogel nicht gefragt."

> Gib mir bitte ein Blatt.

Sprechen und zuhören

Sprachen vergleichen

1 Lest die Tierlaute. Wie klingen sie bei uns? Vergleicht.

2 Kennt ihr weitere Tiergeräusche in anderen Sprachen? Tauscht euch aus.

3 Sammelt Tiernamen in unterschiedlichen Sprachen. Vergleicht sie mit den deutschen Tiernamen.

4 Sammelt Begrüßungswörter in verschiedenen Sprachen. Welche Wörter sind ähnlich? Untersucht gemeinsam.

Sprache untersuchen / Richtig schreiben

Fremdwörter (M)

1 Lest den Text. Was meint Frau Peters mit ihrer Aussage?

„Zuhause spiele ich auf dem Tablet und höre Songs", ruft Sinan.
„Am liebsten fahre ich Skateboard und Inlineskates", erwidert Emma.
„Ich spiele Basketball", sagt Julia. Sven erzählt: „Ich nähe T-Shirts."
Ole behauptet: „Ich lese jeden Tag einen Comic."
„Und ich surfe im Internet", ruft Tam.
Frau Peters lacht und sagt: „Ihr könnt ja schon richtig gut Englisch!"

2 Schreibe alle englischen Wörter aus dem Text aus Aufgabe 1 heraus. Markiere schwierige Stellen.

> Es sind 9 Wörter.

3 Lest den Text und die E-Mail.

Die Klasse 4a möchte wissen, ob es auch deutsche Wörter in der englischen Sprache gibt. Sie schreibt eine E-Mail an ihre Partnerklasse in England. Schon zwei Tage später bekommt sie eine Antwort:

▶ send

from: class4@primaryschool.uk
to: Klasse4a@grundschule-weilheim.de
subject: English words

Hey,
vielen Dank für eure E-Mail. Klar, auch in der englischen Sprache gibt es deutsche Wörter. Hier sind ein paar Beispiele:
bratwurst, pretzel, dachshund, doppelganger, gemutlichkeit, kaput, kindergarten, muesli, rucksack, schnitzel, wienerwurst.
Schreibt bald wieder und schickt uns ein paar Bilder!
Bis bald eure „class 4"

---

4 Schreibe die markierten Wörter untereinander auf. Ergänze die deutsche Schreibung.

5 Vergleicht die Schreibung der Wörter in Aufgabe 4.

>> AH S. 54

Sprache untersuchen / Richtig schreiben

Wörter mit Y/y und Ch/ch (M)

1 Lest den Text.

Im Ferienlager
Yvonne freut sich. Sie darf ins Ferienlager.
Schnell packt sie noch ihren Pyjama, ein Buch und den Teddy ein.
Ob es wohl die Chance gibt, ein Handy mitzunehmen?
Da muss sie nochmal Tommy, den Coach, fragen.
Typisch! Fast hätte sie den Infozettel vergessen.

Ein Coach ist ein Betreuer.

Montag:	Ankunft + Labyrinth im Maisfeld + Yoga-Kurs + Pyjama-Modenschau
Dienstag:	Besuch im Zoo + Nachtwanderung
Mittwoch:	Waldrallye + Vorbereitung Party (Sketche einüben, Chorprobe, Musik auswählen)
Donnerstag:	chillen + abends Party
Freitag:	Heimfahrt

2 Schreibe alle Wörter mit **Y/y** aus Aufgabe 1 auf.
Wie klingt das **Y/y** in Wörtern?
Markiere farbig: wie i = gelb, wie j = blau, wie ü = grün

3 Sprecht die Wörter mit **Ch/ch** deutlich. Was fällt euch auf?

| Chef | Chor | Sketch | Champion | Milch | Christ |

| Nacht | Buch | frech | weich | Chat | chillen |

4 Lege Lernkarten zu Wörtern mit **Y/y** und **Ch/ch** an.

5 Vergleicht eure Lernkarten.

Ich kann Wörter mit Y/y und Ch/ch richtig aussprechen und schreiben.

Sprache untersuchen / Richtig schreiben

Wörter mit Eu/eu

1 Lest den Text. Welche Wörter kennt ihr nicht? Tauscht euch aus.

Die Europäische Union
1992 haben sich befreundete Länder in Europa zusammengeschlossen und die Europäische Union (EU) gegründet. Sie ist ein deutliches Zeichen für den Frieden in Europa.
Auf der europäischen Flagge leuchten zwölf goldene Sterne.
Seit 2002 gibt es in Europa eine gemeinsame Währung, den Euro.
Der deutsche Komponist Ludwig van Beethoven hat das Musikstück „Ode an die Freude" geschrieben. Es wurde später zur Europahymne erklärt und stammt aus der neunten Sinfonie.

2 Schreibe alle Wörter mit **Eu/eu** aus Aufgabe 1 auf. Markiere **Eu/eu**.

3 Schreibe den Text auf. Ergänze die passenden Wörter.

| befreundet | Leute | Europa | neue |
| Abenteuer | abscheuliche | heute | Europäischen |

Früher führten die Länder in E▨ viele a▨ Kriege gegeneinander.
Die Länder sind h▨ b▨ und helfen sich gegenseitig.
Immer wieder treten n▨ Länder der E▨ Union bei.
Die L▨ können in jedes Land reisen. Welch ein tolles A▨!

4 Suche zu jedem Wort ein verwandtes Wort.
Schreibe so: die Neugierde – neugierig, ...

| die Neugierde | das Kreuz | die Feuchtigkeit |
| das Steuer | die Freude | das Ungeheuer |

Sprache untersuchen / Richtig schreiben

Orts- und Zeitangaben

1 Lest den Text. Wie sieht euer Kinderzimmer aus? Vergleicht.

Amy ist vier Jahre alt und wohnt in Chicago.
Das liegt in den USA. Amy hat in ihrem Zimmer
viele Spielsachen.
Sie spielt jede Woche Fußball.
Zum Geburtstag wünscht sie sich einen Fußball.
Das Training findet am Nachmittag statt.

2 Fragt nach dem blau markierten Satzglied aus Aufgabe 1.

> Den Ort bestimmen wir mit den Fragen: **Wo? Wohin? Woher?**
> *Wo* wohnt Amy? in Chicago

3 Schreibe die ersten drei Sätze aus Aufgabe 1 auf.
Schreibe die Fragen nach der Ortsangabe auf. Markiere die Ortsangaben.

4 Fragt nach dem grün markierten Satzglied aus Aufgabe 1.

> Die **Zeit** bestimmen wir mit den Fragen: **Wann? Wie lange? Wie oft?**
> oder **Seit wann?**
> *Wann* spielt Amy Fußball? jede Woche

5 Schreibe die letzten drei Sätze aus Aufgabe 1 auf.
Schreibe die Fragen nach der Zeitangabe auf. Markiere die Zeitangaben.

6 Schreibe den Text ab. Erfrage die Zeitangabe und die Ortsangabe.
Markiere sie unterschiedlich.

Indira ist sieben Jahre alt. Sie lebt in Nepal. Täglich arbeitet Indira
bis zu sechs Stunden. Das macht sie schon seit drei Jahren.
Nach der Arbeit hilft sie ihrer Mutter und holt Wasser vom Brunnen.
Meistens hat sie großen Hunger.

Sprache untersuchen / Richtig schreiben

Verhältniswörter

1 🗨️ Lest den Text. Erklärt diese zehn Kinderrechte.

Alle Kinder auf der Welt haben Rechte. Vor mehr als 30 Jahren wurden sie in der UN-Kinderrechtskonvention aufgeschrieben. Bis heute haben 196 Staaten diese Rechte anerkannt. Seit 1992 gelten die Kinderrechte auch in Deutschland. Die 10 wichtigsten Kinderrechte findest du über, unter und neben diesem Text.

Gleichheit · Gesundheit · Bildung · Spiel und Freizeit · Besondere Fürsorge und Förderung bei Behinderung · Freie Meinungsäußerung und Beteiligung · Elterliche Fürsorge · Gewaltfreie Erziehung · Schutz vor Kinderarbeit · Schutz im Krieg und auf der Flucht

2 🗨️ Untersucht die markierten Wörter. Was fällt euch auf?

> ☼ **Verhältniswörter** können das **räumliche Verhältnis** zwischen Dingen oder Personen angeben (Ortsangabe): *auf der Welt, in Deutschland, ...*
> Verhältniswörter können auch das **zeitliche Verhältnis** angeben (Zeitangabe): *bis heute, seit gestern, ...*

3 ✏️ Ordne die markierten Verhältniswörter aus Aufgabe 1. Schreibe so:
räumliche Verhältniswörter: auf, ...
zeitliche Verhältniswörter: ...

> Manche Verhältniswörter passen zu beiden Bestimmungen.

Sprache untersuchen / Richtig schreiben

○ **4** 👥 Lest den Zeitungsartikel.

Trommeln für die Kinderrechte

Am 20. September war Weltkindertag. In Ingolstadt hatten sich die Kinder der Grundschule etwas Besonderes ausgedacht. Mit Trommeln, Sprechchören, Rasseln und Trillerpfeifen zogen sie durch die Innenstadt.
Dabei machten sie über zwei Stunden lautstark auf die Rechte der Kinder aufmerksam. Vor dem Rathaus wurden sie bereits vom Bürgermeister erwartet.

○ **5** ✏️ Schreibe die markierten Wortgruppen aus dem Text aus Aufgabe 4 heraus.

◐ **6** ✏️ Erfrage die Zeit- und Ortsangaben aus Aufgabe 5.
Markiere sie unterschiedlich. Unterstreiche die Verhältniswörter.
Schreibe so: Wann war der Weltkindertag? – <u>am</u> 20. September

○ **7** ✏️ Schreibe die Sätze ab.

Die Klasse baut heute neben der Schule einen Informationsstand zum Thema Kinderrechte auf. Davor ist viel los.
Sara und Luan stehen hinter dem Tisch.
Auf dem Tisch liegen verschiedene Informationsblätter.
Am späten Nachmittag kommen auch Maja und Ali.
Erst um 18 Uhr gehen die Kinder nach Hause.

● **8** ✏️ Erfrage die Zeit- und Ortsangaben in den Sätzen aus Aufgabe 7.
Markiere sie unterschiedlich. Unterstreiche die Verhältniswörter.

99

Texte schreiben

Eine Fantasiegeschichte schreiben

1. Sammelt Ideen für eine Fantasiegeschichte über einen Außerirdischen. Führt ein Brainstorming durch. >> S. 107

2. Plant die Fantasiegeschichte.

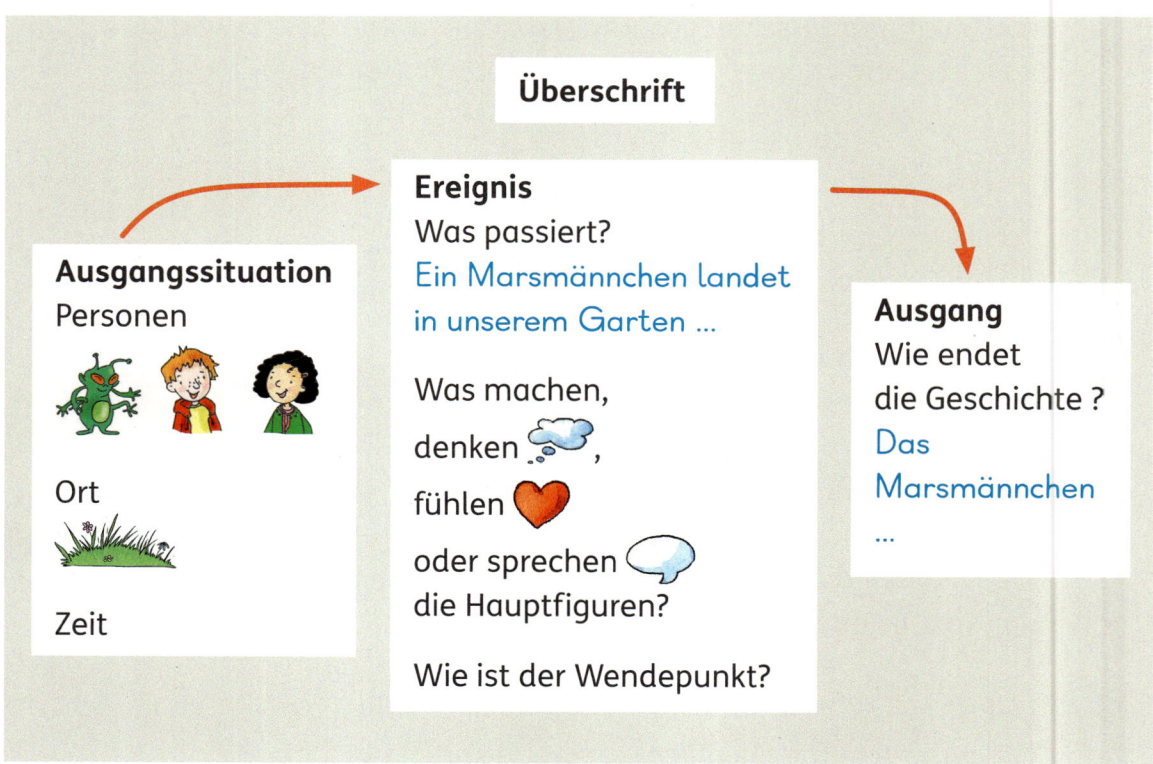

Texte schreiben

So schreibst du eine Fantasiegeschichte:
- Ausgangssituation: Am Anfang führst du in die Handlung der Geschichte ein.
  Wer kommt darin vor? Wo und wann spielt die Geschichte?
- Ereignis: Erzähle dann in der richtigen Reihenfolge, was passiert.
  – Beschreibe die Fantasiewelt mit passenden Adjektiven.
  – Lasse Fantasiewesen, Tiere oder Gegenstände sprechen oder denken.
  – Notiere die Gefühle der Hauptfiguren.
  – Gestalte einen spannenden Wendepunkt.
- Ausgang: Hole am Ende die Hauptfiguren zurück in die Wirklichkeit.
- Überlege dir eine Überschrift, die neugierig macht.

3 Lies den Anfang der Geschichte.

Ich war ganz sicher. Am Nachthimmel hatte es grün geleuchtet und etwas war in unserem Garten gelandet. Schnell wie der Blitz rannte ich zum Fenster. Tatsächlich konnte ich ein großes Fluggerät auf der Wiese sehen. Die Oberfläche des Dings flimmerte immer noch ganz leicht. Das wollte ich von Nahem sehen.

4 Wie könnte die Fantasiegeschichte weitergehen? Tauscht euch aus.

5 Schreibe deine Fantasiegeschichte auf.

6 Erstellt eine Checkliste und überarbeitet eure Geschichten in einer Schreibkonferenz.

… Das wollte ich von Nahem sehen. Vorsichtig näherte ich mich …

Ich kann eine Fantasiegeschichte schreiben.

Wörter üben

Lernwörter und eigene Wörter
das Jahr • geben • unserem • jede • das Plakat • gesund • informieren • das Land • verschieden • interessant • alle • das Rezept • ...

Essen aus aller Welt
In diesem Jahr gab es bei unserem Schulfest Speisen aus verschiedenen Ländern.
Jede Klasse suchte sich ein gesundes Rezept aus und bereitete es zu.
Alle Rezepte wurden in einem Kochbuch zusammengefasst.
Ein schön gestaltetes Plakat informierte über das Essen.
Außerdem wurden die Länder vorgestellt.
Es war sehr interessant und alle waren begeistert.

1. Notiere die Lernwörter. Markiere schwierige Stellen.

2. Schreibe den Text ab. Markiere die Lernwörter.

3. Welche Wörter im Text willst du noch üben? Schreibe sie auf.

4. Vergleicht eure Lernwörter. Tauscht euch aus.

5. Untersucht ein Lernwort in einem Rechtschreibgespräch.

6. Suche möglichst viele Reimwörter zum Lernwort **Land**.
   Nutze das Wörterbuch. Schreibe so: Land: Sand, ...

7. Schreibe 5 Verben aus dem Text in der Grundform und allen Zeitformen in der ich-Form in eine Tabelle.

Grundform	Gegenwart	1. Vergangenheit	2. Vergangenheit	Zukunft
geben	...	ich ...	...	...

8. Bilde mit den Lernwörtern Sätze. Denke an alle Satzarten.

Wörter mit Y/y und Ch/ch

1 Hörst du **ü** oder **i**? Schreibe so:

y wie ü	y wie i
System	...

Hobby · System · Typ · Party · Symbol · Teddy
Baby · Dynamo · Xylofon · Pyramide · Pony

2 Schreibe den Text auf.
Ergänze die passenden Wörter.

Heute darf ▓ meine Mutter im Büro ▓.
Die ▓ meiner Mutter ist sehr nett. Sie ▓ viel.
Leider darf ich ▓ am Computer ▓.
Zuerst lese ich ein ▓ über ein ▓.
▓ ▓ ich meine Hausaufgaben.

Chamäleon · ich · Danach · machen · Chefin · Buch · besuchen · nicht · lachen · chatten

Wörter mit Eu/eu

3 Schreibe den Text auf. Ergänze die passenden Wörter.
Markiere **Eu/eu**.

An der ▓ hat es einen Unfall gegeben.
Einige ▓ sind ▓ und bleiben stehen.
Ein Auto hat ▓ gefangen. Die ▓ löscht den Brand.

neugierig · Leute · Feuer · Feuerwehr · Kreuzung

4 Schreibe die Wörter auf. Markiere **eu**. Kontrolliere mit dem Wörterbuch.

5 Bilde Quatschsätze mit den Wörtern aus Aufgabe 5.

Üben

Zeit- und Ortsangaben

1 ✏️ Schreibe die Sätze ab.
Schreibe jeweils die Fragen nach der Zeitangabe dahinter.

Wann? Wie lange?

Nach der Schule zeigt Berat seinem Vater die Arbeit.
Er hat zwei Wochen dafür geübt.
Zur Belohnung darf er sich am Nachmittag ein Buch ausleihen.

2 ✏️ Schreibe die Sätze ab.
Schreibe jeweils die Fragen nach der Ortsangabe dahinter.

Wo? Wohin?

Berat geht mit seinem Vater in die Bücherei.
Im Regal mit den Abenteuergeschichten findet Berat
ein spannendes Buch.
Er leiht es aus und nimmt es mit nach Hause.

3 ✏️ Schreibe den Text auf. Ergänze die passenden Wörter.
Markiere die Zeitangaben und die Ortsangaben.

⬤ mache ich meine Hausaufgaben.
⬤ fahre ich mit dem Bus ⬤.
Meine Katze schläft ⬤.
⬤ zwitschern die Vögel ⬤.

von früh bis spät	Im Garten
Am Nachmittag	Täglich
nach Hause	auf der Fensterbank

4 ✏️ Schreibe die Sätze ab. Schreibe die Fragen nach der Zeitangabe und der Ortsangabe dahinter. Markiere die Zeitangaben und die Ortsangaben.

Sinan kommt früher aus der Schule.
Er besucht seine Großeltern im Seniorenheim.
Zusammen gehen sie auf die Terrasse.
Dort essen sie Kuchen.
Um 17 Uhr muss Sinan wieder nach Hause gehen.

Üben

Verhältniswörter

1 Schreibe die Sätze ab. Ergänze die passenden Wörter.

| im | seit | gegen | bis | neben |

Nuka ist ▒ vier Jahren im Judoverein.
Fabians Katze schläft oft bei ihm ▒ Bett.
▒ morgen sollen alle den Elternbrief mitbringen.
Noriko tritt wütend ▒ eine Mülltonne.
Berat sitzt im Kino ▒ Amir.

2 Schreibe fünf Aussagesätze zum Bild.
Verwende die Verhältniswörter **unter**, **neben**, **zwischen**, **in** und **auf**.
Markiere die Verhältniswörter.

Fremdwörter

3 Schreibe die Wörter mit dem bestimmten Artikel auf.

| Qua | Ma | Skiz | Pi | Ta | Che |

| fin | drat | lot | gnet | ze | blet |

4 Bilde Sätze mit Wörtern aus Aufgabe 3.

Lernen lernen

Informationen austauschen

Der Austausch zwischen Gruppen in der Klasse kann ganz unterschiedlich ablaufen. Entscheidend ist, dass alle wichtigen Informationen weitergegeben werden.

Marktplatz
Jede Gruppe bearbeitet ihr Thema.
Anschließend treffen sich alle Gruppen.
Aus jeder Gruppe stellt ein Gruppenmitglied
die Informationen an einem Stand vor.
Die anderen Gruppenmitglieder informieren
sich an den anderen Marktständen.

Gruppenpuzzle
Jede Gruppe erhält eine Frage oder
eine Problemstellung.

Jedes Gruppenmitglied bearbeitet
einen anderen Teilbereich des Themas.

Kinder, die den gleichen Teilbereich bearbeiten,
treffen sich in Expertengruppen. Jede Expertengruppe
stellt Informationen zum Teilbereich zusammen.

Alle treffen sich wieder in den anfänglichen Gruppen.
Dort tragen die Experten nun ihr Wissen vor.

 So könnt ihr Informationen austauschen:
- Informiert euch in der Gruppe zu eurem Thema.
- Wählt die wichtigsten Informationen aus.
- Erstellt Stichwortzettel, um nichts zu vergessen.
- Übt euren Kurzvortrag.
- Präsentiert als Experten eure Arbeitsergebnisse.

Lernen lernen

Gedanken in einem Brainstorming sammeln

Bei einem Brainstorming werden spontane Ideen, Gedanken und Wissen zu einem Thema gesammelt. Das geht allein, aber noch besser mit mehreren Personen.

 So könnt ihr Gedanken sammeln:
- Legt das Thema für das Brainstorming fest.
- Schreibt spontan eure ersten Gedanken zu dem Thema auf.
- Lasst alle Ideen zu. Kein Gedanke wird kritisiert oder bewertet.
- Ordnet und ergänzt gegenseitig eure Ideen und Gedanken.

Sprechen und zuhören

Unsere Erde, unser Zuhause

Teekesselchen

1 Seht euch die Bilder an. Erklärt die Teekesselchen.

Ein Teekesselchen ist ein Wort mit zwei Bedeutungen.

Paula, bring mir bitte eine neue Birne.

Opa, ich habe einen Bienenstich.

Lecker, das ist mein Lieblingskuchen.

2 Überlege dir zu den Teekesselchen lustige Geschichten oder Witze. Schreibe oder male sie auf.

3 Sucht weitere Wörter mit mehreren Bedeutungen. Stellt euch gegenseitig Rätsel. Ihr könnt im Internet recherchieren.

Mein Wort ist ein weißes Tier mit Mähne. Du findest es aber auch auf verdorbenen Lebensmitteln.

Sprechen und zuhören

Anderen eine Rückmeldung geben

1 Mila und Ali haben einen Vortrag gehalten. Lest die Sprechblasen. Wie geben die anderen Kinder Rückmeldung? Tauscht euch aus.

2 Worauf wollt ihr bei Vorträgen achten? Überlegt gemeinsam.

| Inhalt | Vortragsweise | passende Beispiele |

So kannst du anderen eine Rückmeldung geben:
- Sage, was dir besonders gut gefallen hat, und was du gelernt hast.
- Gib einen Tipp, was verbessert werden könnte.
- Formuliere in der ich-Form, zum Beispiel: „Ich fand gut, dass …", „Ich würde …"
- Begründe deine Meinung.
- Formuliere freundlich und beleidige niemanden.

 Ich kann anderen eine Rückmeldung geben.

Texte schreiben

Sachinformationen recherchieren

1. Welche Medien könnt ihr zur Recherche nutzen? Überlegt gemeinsam.

2. Zu vielen Themen findet ihr Sachinformationen im Internet. Es gibt auch Filme oder Podcasts. Was habt ihr schon genutzt? Tauscht euch aus.

> Ein Podcast ist ein Beitrag, den du im Internet anhören kannst.

So kannst du Sachinformationen recherchieren:
- Wähle ein Thema und recherchiere in verschiedenen Medien.
- Notiere Stichwörter.
- Wo hast du die Informationen gefunden? Notiere die Quelle.
- Ordne alle Stichwörter, zum Beispiel in einer Mindmap oder auf einem Stichwortzettel.

---

3. Recherchiert zum Thema „Unser Sonnensystem".

4. Wählt die wichtigsten Informationen aus. Ordnet und notiert sie.

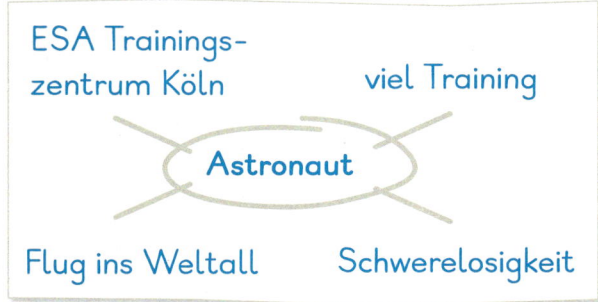

Texte schreiben

Informationen aus einem Sachtext entnehmen

1 Lest den Text. Klärt unbekannte Wörter und Fachbegriffe.

Der Aufbau der Erde
Die Erde setzt sich aus verschiedenen Schichten zusammen: Erdkruste, Erdmantel und Erdkern.

5 Vor Milliarden Jahren war die Erde ein glühender Feuerball. Seine Oberfläche kühlte sich durch die Berührung mit dem kalten Weltall ab. So bildete sich die Erdkruste als äußerste Schicht.

10 Ungefähr 50 km unter der Erdoberfläche beginnt der Erdmantel. Er reicht bis in 2 900 km Tiefe hinab. Je tiefer man kommt, umso heißer wird es und das Gestein wird weicher und beweglicher.

Der Erdkern ist unterteilt in einen äußeren und inneren Kern.
Der äußere Kern besteht aus einer zähflüssigen Masse.
15 Der innere Kern ist vermutlich fest. Im Erdkern herrschen Temperaturen von vermutlich 5 000 bis 6 000 Grad Celsius.

Sabrina Stäwen

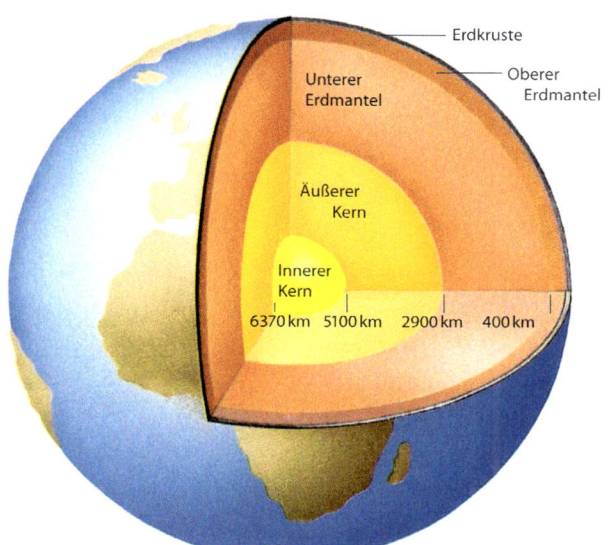

2 Ordnet diese Fachbegriffe den Absätzen im Text aus Aufgabe 1 zu.

Erdmantel   Erdkruste   Erdkern

3 Gestaltet eine Mindmap zu dem Text aus Aufgabe 1.

Erdkruste — ...   Aufbau der Erde   Erdmantel — ...   Erdkern — ...

Ich kann einem Sachtext Informationen entnehmen.

Texte schreiben

Einen Sachtext wiedergeben

1 Lest den Text. Klärt unbekannte Wörter und Fachbegriffe.

Der Mond

Als am 20. Juli 1969 der erste Mensch den Mond betrat, schauten eine halbe Milliarde Menschen zu und feierten Neil Armstrong.
Die Steine, die Armstrong und spätere Apollo-
5 Astronauten vom Mond mitbrachten, wurden von vielen Wissenschaftlern untersucht.
Ergebnis: Mondgestein unterscheidet sich in seiner Zusammensetzung nicht besonders von Erdgestein. Eine Enttäuschung für die Forscher, aber immerhin
10 eine Bestätigung für eine alte Theorie zur Mondentstehung.
Danach wurde die Erde vor 4,5 Milliarden Jahren, als sie noch ein feuriger und völlig toter Planet war, von einem riesigen Himmelskörper getroffen,
15 der so groß gewesen sein muss wie der Mars. „Theia" nennen die Wissenschaftler diesen Brocken, der bei seinem Aufprall große Mengen Erdmasse in den Weltraum sprengte. Diese Trümmer vereinigten sich später zu einem großen Klumpen, dem Mond.

Ulrich Janßen, Klaus Werner

*Wie heißt der **Titel** des Textes?*

*Um welche **Textsorte** handelt es sich?*

*Wie heißen die **Autoren** des Textes?*

2 Beantwortet die markierten Fragen.

3 Lies im Text nach und notiere Stichwörter zu folgenden Begriffen.

| erster Mensch | Mondgestein | Mondentstehung | Theia |

4 Vergleicht eure Stichwörter. Geben sie die wichtigsten Aussagen wieder?

Texte schreiben

5 Erzählt mit euren Stichwörtern aus Aufgabe 3, um was es im Text geht.

6 So hat Sara den Sachtext wiedergegeben.
Lest ihren Text und untersucht den unterstrichenen Satz.
Welche Informationen findet ihr?

> Am Anfang schreibst du, um welchen Text es geht.

Textzusammenfassung
In dem Sachtext „Der Mond" von Ulrich Janßen und Klaus Werner geht es um die Entstehung des Mondes. Am 20. Juli 1969 betritt Neil Armstrong als erster Mensch den Mond. Er und andere Astronauten bringen Gestein vom Mond mit, das Wissenschaftler untersuchen. Sie stellen fest, dass sich Mondgestein kaum von Erdgestein unterscheidet.
Damit bestätigt sich eine Theorie zur Mondentstehung.
Vor 4,5 Milliarden Jahren trifft ein riesiger Himmelskörper die Erde.
Dabei werden große Erdbrocken in den Weltraum gesprengt.
Sie vereinigen sich später zum Mond.

 So kannst du einen Sachtext wiedergeben:
- Nenne zuerst den Titel des Sachtextes, die Autorin oder den Autor. Fasse den Inhalt in einem Satz zusammen.
- Schreibe nur die wichtigsten Aussagen auf:
  – Beachte die Reihenfolge des Textes.
  – Schreibe sachlich. Verzichte auf deine eigene Meinung.
  – Verwende passende Fachbegriffe.
  – Schreibe in der Gegenwart.

7 Wählt ein Thema aus und erstellt eine digitale Präsentation. >> S. 124/125

> Die Zusammenfassung hilft mir bei meiner Präsentation.

| Unser Sonnensystem | Die Erde | Der Mond | … |

Texte schreiben

Den eigenen Standpunkt formulieren

1. Was spricht für und was gegen einen „Aktionstag Müll sammeln"? Sammelt Argumente pro (dafür) und kontra (dagegen).

Aktionstag Müll sammeln	
pro (dafür)	kontra (dagegen)
• Tiere fressen den Müll	• fremder Müll ist eklig
• ...	• ...

2. Ole und Emma haben ihre Standpunkte begründet. Lest die beiden Texte.

Aktionstag Müll sammeln
Wisst ihr, dass in der Natur viel Müll liegt?
Mein Freund und ich haben bei einer Fahrradtour viel Müll entdeckt.
Auf den Wiesen lagen zum Beispiel Verpackungen und im Gebüsch sogar ein alter Reifen.
Ich würde gerne mit euch Müll sammeln, damit die Umwelt weniger verschmutzt ist.
Ich will in einer sauberen Umgebung leben. Deshalb finde ich, dass wir an dem Aktionstag teilnehmen sollten.
Ole

Aktionstag Müll sammeln
Auf dem Fußballplatz liegt viel Müll.
Gestern hatte ich Fußballtraining und wir mussten zuerst das Feld aufräumen.
Ich habe zum Beispiel Bierflaschen und Pommestüten gefunden.
Ich bin der Meinung, dass niemand seinen Müll auf unserem Fußballfeld entsorgen darf.
Ich bin dagegen, dass ich den Müll von anderen aufräumen muss.
Ich finde, jede Person ist für ihren Müll selbst verantwortlich und muss ihn selbst entsorgen. Der Aktionstag ist deswegen unnötig.
Emma

3. Vergleicht die beiden Standpunkte in Aufgabe 1.
Welche Informationen bekommt ihr?
Welche Argumente werden angeführt?
Welcher Standpunkt wird vertreten?

Texte schreiben

4 Wie kann eure Schule nachhaltiger werden?
Wählt ein Thema und informiert euch dazu.

| Strom sparen | weniger Plastik in der Schule |
| Bienen im Schulgarten | Müll trennen | ... |

5 Sammelt Argumente pro (dafür) und kontra (dagegen) zu eurem Thema von Aufgabe 4.

pro (dafür)	kontra (dagegen)
• ...	• ...

6 Welche Argumente von Aufgabe 5 überzeugen dich?
Bilde dir eine Meinung zu dem Thema.

7 Wie kannst du andere von deiner Meinung überzeugen?
Schreibe deinen Standpunkt auf.
Du kannst den Text am Computer schreiben.

Ich bin davon überzeugt, dass ...
Ich meine, dass...
Ich bin der Meinung, dass...
Ich finde ..
Ich glaube ...
Dafür spricht ..., weil ...
Dagegen spricht ..., weil ...

Diese Wörter helfen dir, deine Meinung zu begründen.

weil
denn
wenn
da

8 Lest die verschiedenen Standpunkte von Aufgabe 7.
Welcher Standpunkt überzeugt euch am meisten? Tauscht euch aus.

9 Schreibt einen Brief oder eine E-Mail an eure Schulleitung.
Begründet euren Standpunkt, wie eure Schule nachhaltiger werden kann.

Ich kann meinen Standpunkt begründen.

Sprache untersuchen / Richtig schreiben

Wörter mit r nach Vokal

○ **1** 👥 Sprecht die Wörter deutlich. Wie werden sie geschrieben? Tauscht euch aus. Überprüft die Schreibweise mit dem Wörterbuch.

○ **2** ✏️ Verlängere die Wörter. Setze Silbenbögen und markiere das **r**.
Schreibe so: das Dorf – die Dörfer,

| das Dorf | schwer | das Wort | kurz | die Tür |

○ **3** ✏️ Schreibe die Sätze auf.

Ihr könnt die Sätze als Partnerdiktat schreiben.

Im Garten steht ein Birnbaum.
Meine Schwester malt ein Nashorn.
Mein Vater hat einen Bart.
Wir werfen Steine ins Wasser.
Esra lernt für eine Probe.

○ **4** 👥 Kontrolliert die Sätze aus Aufgabe 3.

○ **5** 👥 Legt Lernkarten zu Wörtern mit **r** nach Vokal an.

kurz	**der Stern**
kürzer, am kürzesten	die Sterne
das kurze Band	der Sternenhimmel
die Kurzsichtigkeit	sternenklar

Achte beim Sprechen besonders auf die Verbindungen **rn**: geste**rn**, Elte**rn**, …

○ **6** ✏️ Bilde Sätze mit den Wörtern aus Aufgabe 1.

Sprache untersuchen / Richtig schreiben

Fehlertexte überarbeiten

1 Lest den Text.

Die Erde
Im Mittlpunkt unseres Sonnen Systems
befindet sich die Sonne.
Um sie herum kreisen acht planeten.
Einer davon ist unsere erde.
Die Erde ist der einzige Planet,
auf dem Leben möglich ist.
sie wird auch blauer Planet genannt,
weil 70 Prozent der Erdoberfleche aus Wasser bestehen.
Die restlichen 30 Prozent sind Gebirge, Ebenen und Täler.
Durch die richtige Entfernung zur Sonne herrschen
auf der Erde ertregliche Tempraturen.
Die Sonne spendet Licht und Werme.
Sie beinflusst auch den Kreislauf des Wassers.
Dadurch wirt unser Wetter bestimmt.
Die Freisetzung von Sauer Stoff und die Ozonschicht
sind weitere wichtige Gruntlagen für das Leben auf der Erde.

2 Wie werden die Wörter aus Aufgabe 1 richtig geschrieben?
Welche Strategie hilft, das Wort richtig zu schreiben? Überlegt gemeinsam.

3 Zeichne eine Tabelle. Schreibe die falsch geschriebenen Wörter aus Aufgabe 1 richtig auf. Welche Strategie hilft dir dabei? Begründe.

Berichtigung	Strategie
Mittelpunkt	⌢ Jede Silbe hat einen Vokal
...	...

4 Schreibe den Text aus Aufgabe 1 richtig auf.

Kontrolliere mit dem Wörterbuch.

Sprache untersuchen / Richtig schreiben

Wortbausteine Ver-/ver- und Vor-/vor-

○ **1** Bildet Verben mit **ver-** und **vor-**. Was fällt euch auf?

ver-	fahren
vor-	rechnen
	sprechen
	schlafen
	lassen
	tragen

Sei schlau! Schreibe die Vorsilben **ver-** und **vor-** mit Vogel-V.

○ **2** Schreibe die Verben aus Aufgabe 1 auf.
Markiere die Wortbausteine **ver-** und **vor-**.

◐ **3** Schreibe die Sätze auf. Ergänze passende Verben aus Aufgabe 2.

Mein Vater hat sich mit dem Auto ▒.
Ich werde mit dem Fahrrad ▒.
　Ich habe Zeit und kann dich ▒.
　Toni hat das Haus ▒.
Anton und Mia müssen ein Gedicht ▒.
Die Kinder wollen sich nach dem Streit wieder ▒.

◐ **4** Suche passende Nomen zu den Verben.
Schreibe so: verteidigen – die Verteidigung, der Verteidiger, …

verteidigen	vorfahren	verkaufen	verbeugen
verstecken	vorstellen	versöhnen	vorwerfen

● **5** Bilde Sätze mit Nomen aus Aufgabe 4.

Sprache untersuchen / Richtig schreiben

Bindewörter

1 Untersucht die Aussagen der Kinder.

Ich nutze meine Brotdose. Ich möchte Müll vermeiden.

Ich nutze meine Brotdose, weil ich Müll vermeiden möchte.

2 Was gehört zusammen? Schreibe die Sätze richtig auf.

Ida baut einen Schmetterlingskasten,	wenn er aus dem Zimmer geht.
Julian schaltet das Licht aus,	dass sie ihren Brotbeutel vergessen hat.
Lydia merkt beim Bäcker,	damit Schmetterlinge Schutz finden.
Yuris Eltern kaufen im Unverpackt-Laden ein,	aber es hat einen Platten.
Amar möchte mit dem Fahrrad zur Schule fahren,	weil sie Plastikverpackungen vermeiden möchten.

> Mit den **Bindewörtern wenn**, **weil**, **damit**, **aber** und **dass** können wir Sätze verbinden. Vor diesen Bindewörtern steht ein Komma.
> *Ida baut einen Schmetterlingskasten, damit Schmetterlinge Schutz finden.*

3 Verbinde die Sätze mit dem passenden Bindewort. Schreibe auf.

Ich nutze meine eigene Trinkflasche, ⬤ ich Müll vermeide.
Ich stoppe den Wasserhahn, ⬤ ich meine Hände einseife.
Ich freue mich, ⬤ meine Sonnenblume Bienen anlockt.
Ich bin ein Kind, ⬤ auch ich kann die Umwelt schützen.

dass
aber
damit
wenn

4 Vergleicht eure Sätze aus Aufgabe 3.

Wörter üben

Lernwörter und eigene Wörter
die Eltern • die Erde • der Garten • der Boden • blühen •
werfen • zuerst • dort • die Zwiebel • tief • schwer • …

Das Hochbeet
Sinan und ich sind mit meinen Eltern im Garten.
Wir bauen dort ein Hochbeet.
Dafür brauchen wir viel Erde.
Zuerst werfe ich Äste auf den Boden.
Danach befüllen wir das Beet mit der schweren Erde.
Jetzt säen wir verschiedene Samen aus und stecken Zwiebeln tief in die Erde.
Wir freuen uns auf den Sommer, wenn viele bunte Blumen blühen.

○ **1** Notiere die Lernwörter. Markiere schwierige Stellen.

◐ **2** Schreibe den Text ab. Markiere die Lernwörter.

○ **3** Welche Wörter im Text willst du noch üben? Schreibe sie auf.

○ **4** Vergleicht eure Lernwörter. Tauscht euch aus.

● **5** Untersucht ein Lernwort in einem Rechtschreibgespräch.

◐ **6** Ordne alle Lernwörter nach Wortarten.
Schreibe so: Nomen: die Eltern, …
　　　　　　Verben: …
　　　　　　Adjektive: …
　　　　　　sonstige Wörter: …

◐ **7** Suche fünf Lernwörter im Wörterbuch. Notiere die passende Seitenzahl.
Schreibe so: die Eltern S. XX, …

◐ **8** Schreibe drei Lernwörter mit r nach Vokal auf. Suche verwandte Wörter.

Wörter üben

Lernwörter und eigene Wörter
bestellen • der Verkäufer • kaufen • der Mann • man •
der Saft • riechen • morgen • flüssig • plastikfrei • die Wurst • …

Im Unverpackt-Laden
Heute besuche ich mit meiner Klasse
einen Unverpackt-Laden.
Der Verkäufer führt uns durch den Laden.
Das Gemüse liegt plastikfrei in Körben.
Saft gibt es in Pfandflaschen, die man zurückgeben kann.
Eine Frau bestellt Wurst, die sie morgen abholen möchte.
Zwei Männer füllen flüssiges Waschmittel in ihre eigenen Behälter.
Ich kaufe mir ein Glas mit Nüssen und Rosinen.
Am Ende riechen wir alle an den Seifen. Wie die duften!

1. Notiere die Lernwörter. Markiere schwierige Stellen.

2. Schreibe den Text ab. Markiere die Lernwörter.

3. Welche Wörter im Text willst du noch üben? Schreibe sie auf.

4. Vergleicht eure Lernwörter. Tauscht euch aus.

5. Untersucht ein Lernwort in einem Rechtschreibgespräch.

6. Schreibe die Lernwörter nach dem Alphabet geordnet untereinander auf.

7. Schlage die Lernwörter von Aufgabe 6 im Wörterbuch nach.
Schreibe die Seitenzahl dazu.

8. Suche zu fünf Lernwörtern ein verwandtes Wort.
Markiere den Wortstamm.

9. Bilde mit den Lernwörtern Sätze. Denke an alle Satzarten.

Üben

Wörter mit r nach Vokal

1 Schreibe die Wörter auf. Setze das kaum hörbare **r** ein.

| e◦st | die E◦de | le◦nen | der A◦m | das Do◦f |

| me◦ken | we◦fen | a◦beiten | die Bi◦ne | mo◦gen |

2 Suche passende Reimwörter. Schreibe so: Kern – Stern, …

| Kern – St◦ | Herz – Schm◦ | Sport – W◦ |

| Garten – w◦ | Durst – W◦ | führen – r◦ |

3 Bilde Quatschsätze mit Wörtern aus Aufgabe 1 und 2.

Wortbausteine Ver-/ver- und Vor-/vor-

4 Ordne die Wörter.
Schreibe so: Vor-/vor-: vorwärts, …   Ver-/ver-: das Versteck, …

| vorwärts | das Versteck | die Vorwahl | vorwarnen |

| die Verkäuferin | vorschreiben | verlaufen | der Vortrag |

5 Bilde Verben mit **ver-** und **vor-**. Schreibe so:

Verb	ver-	vor-
bieten	verbieten	–

| bieten | geben | binden |

| biegen | singen | suchen |

Manchmal passt nur eine Vorsilbe. Prüfe mit dem Wörterbuch.

6 Bilde Sätze mit den Verben aus Aufgabe 5.

Üben

Bindewörter

1 Was gehört zusammen? Schreibe die Sätze richtig auf.

Ali deckt den Tisch,	weil sie Platz für die Rennbahn braucht.
Kim gießt die Pflanzen,	wenn die Mülltüte voll ist.
Toni bringt den Müll zur Mülltonne,	damit seine Familie essen kann.
Frieda räumt ihr Zimmer auf,	aber sie vergisst die Tulpen im Beet.

2 Setze das passende Bindewort ein. Schreibe auf.

| damit | aber | wenn | weil |

Linda möchte Fußball spielen, ● ihr Bruder spielt lieber Basketball.
Henry sucht sein Handy, ● er Papa eine Nachricht schicken kann.
Filippo besucht seinen Opa, ● seine Eltern arbeiten.
Sara ruft ihren Freund an, ● sie sich mit ihm verabreden möchte.

3 Verbinde die Sätze mit einem passenden Bindewort.
Schreibe sie auf. Denke an das Komma vor dem Bindewort.

| damit | dass | wenn | weil |

Pietro geht ins Schwimmbad. Die Sonne scheint.
Mein Freund freut sich. Er darf bei mir übernachten.
Mama verlässt die Autobahn. Sie umfährt einen Stau.
David schaut aus dem Fenster. Seine Oma kommt gleich zu Besuch.

Manchmal musst du den zweiten Satz umstellen.

4 Schreibe Sätze über dich auf.

| dass | | weil |

Mir ist wichtig, ... Ich mag Ferien, ...
Ich finde gut, ... Ich will ... sein, ...
Ich hoffe, ... Ich wünsche mir ..., ...

Lernen lernen

Eine digitale Präsentation vorbereiten

Mit einem Computerprogramm könnt ihr Folien für eine Präsentation erstellen. Ihr könnt die Folien mit Texten und Bildern gestalten, aber auch Filme und Geräusche einfügen.

Der Planet Erde

von Mila Stein und Ali Özdem

Gliederung
- Aufbau der Erde
- Erdrotation
- Entstehung der Jahreszeiten

Aufbau der Erde
- innerer Kern
- …

Bücher
- …

Internetseiten
- …

Ich werde einen tollen Film einfügen.

Ich speichere die Präsentation unter einem passenden Namen.

So könnt ihr eine digitale Präsentation vorbereiten:
- Plant die Abfolge der Folien:
  – Gestaltet Folie 1 mit dem Thema und euren Namen.
  – Schreibt auf Folie 2 die Gliederung.
  – Stellt auf mehreren Folien das Thema vor.
  – Nennt am Schluss alle Bücher, Zeitschriften und Internetseiten, die ihr genutzt habt.
- Gestaltet die einzelnen Folien:
  – Überlegt euch für jede Folie eine Überschrift.
  – Schreibt Stichwörter oder kurze Sätze.
  – Fügt passende Bilder, Videos oder Geräusche ein.
- Prüft, ob ihr Texte, Bilder und Filme von anderen Menschen verwenden dürft.
- Überprüft die Folien, ergänzt oder korrigiert.

Lernen lernen

Eine digitale Präsentation durchführen

Mit einem Computer und einem Beamer könnt ihr eure Präsentation vorstellen.

Hier seht ihr eine Erdkugel. Der Erdkern setzt sich aus Eisen und Nickel zusammen.

Vielen Dank, dass ihr so aufmerksam zugehört habt. Habt ihr noch Fragen?

Wie alt ist die Erde?

 So könnt ihr eine digitale Präsentation durchführen:
- Übt den Vortrag: Habt ihr etwas Wichtiges vergessen?
- Probiert aus:
    - Wie klickt ihr die Folien weiter?
    - Funktioniert der Beamer?
    - Funktioniert der Ton?
- Sprecht langsam und deutlich.
- Lest nicht nur die Folien vor. Erzählt, was ihr sonst noch wisst.
- Haltet Blickkontakt zu den Zuhörerinnen und Zuhörern.
- Ihr könnt auch interessante Internetseiten und Bücher empfehlen.
- Bedankt euch am Ende des Vortrags und beantwortet Fragen.

Sprechen und zuhören

Bücherwurm und Computermaus

Werbung erkennen

1 Wo findet ihr überall Werbung? Erzählt.

2 Seht euch das Werbeplakat an. Lest die Werbestrategien. Wie werden sie bei der Limowerbung umgesetzt? Erklärt.

Werbestrategien

1. Versprechen:
Was verspricht das Produkt?
Warum soll es gekauft werden?

2. Zielgruppe:
Wer soll angesprochen werden?

3. Sprache:
Welche Adjektive werden verwendet, um für das Produkt zu werben?

3 Sammelt Werbung aus unterschiedlichen Medien. Welche Werbestrategien findet ihr wieder? Tauscht euch aus.

4 Überzeugen euch die Werbeanzeigen? Begründet eure Meinung.

| Sprechen und zuhören

5 Seht euch diese Seite aus dem Internet an. Wo findet ihr Werbung? Tauscht euch aus.

6 Warum sollt ihr Werbung im Internet nicht anklicken? Erklärt.

7 Auf manchen Kinderseiten im Internet könnt ihr die Werbung ausschalten. Wie geht das? Recherchiert und erklärt.

8 Wählt eine Spieleseite über eine Suchmaschine für Kinder aus.
Überprüft folgende Punkte:
– Kinderfreundlichkeit
– Werbung
– versteckte Kosten

Ich kann Werbung erkennen.

MK Aufgabe 3–8

Sprache untersuchen / Richtig schreiben

Wortbausteine

1 Welche Wörter gehören zusammen? Schreibe so: hell – die Helligkeit, …

| HELL | WERBEN | PROBLEM | WIRKEN | HERZ | SPORT |

| SICHER | HERZHAFT | WIRKSAM | PROBLEMLOS | SPORTLICH |

| NOT | WERBUNG | HELLIGKEIT | SICHERHEIT | NÖTIG |

2 Untersucht die Wörter und ihre Wortbausteine in Aufgabe 1? Um welche Wortarten handelt es sich? Tauscht euch aus.

3 Vor welche Wörter aus Aufgabe 1 könnt ihr die Vorsilbe **un-** setzen? Was passiert? Erklärt.

4 Schreibe die Wörter untereinander, markiere Vor- und Nachsilben unterschiedlich und kreise den Wortstamm ein.

achtsam – Achtsamkeit – unachtsam – Unachtsamkeit – …
aufmerksam – unaufmerksam – Aufmerksamkeit – Unaufmerksamkeit – …

Schreibe so: Freund
              anfreunden
              freundlich
              Freundlichkeit
              unfreundlich
              Unfreundlichkeit

5 Untersucht die Wörter in Aufgabe 4. Welche Wortbausteine verändern die Wortart oder die Wortbedeutung?

6 Bilde mit den Wortstämmen -**kind**-, -**frei**-, -**macht**- möglichst viele Wörter wie in Aufgabe 4.

Ich kann Wortbausteine nutzen, um die Wortart zu bestimmen.

Sprache untersuchen / Richtig schreiben

Adjektive

1. Vergleicht die beiden Werbeplakate.
   Welches Plakat findet ihr überzeugender? Begründet.

2. Untersucht die Adjektive in den Werbesprüchen. Was fällt euch auf?

   | der supercoole Turnschuh | der größte Lesespaß |

   | noch bessere Saugkraft | das bärenstarke Waschmittel |

3. Schreibe die Wortpaare richtig auf. Achte auf die Groß- und Kleinschreibung.
   Schreibe so: nagelneu – der Nagellack, …

   NAGELNEU – NAGELLACK   HAUSHOCH – HAUSTÜR
   PREISSCHILD – PREISWERT   GLASKLAR – GLASSCHALE
   EISBECHER – EISKALT   ZUCKERDOSE – ZUCKERFREI

4. Untersucht die Wörter aus Aufgabe 3.
   Um welche Wortarten handelt es sich?
   Woran erkennt ihr die Wortarten?
   Aus welchen Wortarten sind die Wörter jeweils zusammengesetzt?
   Wonach richtet sich der Artikel der zusammengesetzten Nomen?

5. Sammelt passende Adjektive für ein Computerspiel, T-Shirt oder Skateboard.

Texte schreiben

Werbung ausdenken und gestalten

○ **1** 💬 Seht euch die beiden Produkte an. Sprecht darüber.

◐ **2** 💬 Entscheidet euch für eines der beiden Produkte.
Überlegt euch einen interessanten Namen.

● **3** 💬 Entwerft ein Werbeplakat für euer Produkt.

Was verspricht eure Werbung?
- Erklärt, warum euer Produkt gekauft werden soll:
  – neuartige Technik, leises Fahrvergnügen, …
  – einzigartiger Farbwechsel, hochwertiger Stoff, …

Wer ist eure Zielgruppe?
- Wer soll euer Produkt kaufen: Kinder, Jugendliche oder Erwachsene?
- Wie sprecht ihr eure Zielgruppe an: du oder Sie?

Wie beschreibt ihr euer Produkt?
- Überlegt euch passende Adjektive:
  schnell, fantastisch, modern, schick, cool, hip, …
  Ihr könnt die Adjektive auch steigern: das schnellste, …
  oder vergleichen: so schnell wie …, cooler als …
- Schreibt einen Werbespruch oder einen kurzen Werbetext auf.

> In der Werbung werden oft englische Wörter oder Wörter mit gleichem Anfangsbuchstaben verwendet.

● **4** 💬 Bereitet eine Präsentation eures Produktes vor.
Überlegt, wie ihr die Zielgruppe vom Kauf eures Produktes überzeugen könnt.

● **5** 💬 Dreht einen Werbefilm für euer Produkt. `>> S. 142/143`

Texte schreiben

Texte am Computer schreiben und gestalten

1 Wie hat Merit den Steckbrief am Computer gestaltet? Erklärt.

Hier kannst du eine Tabelle einfügen:
- Gehe auf die Schaltfläche **Einfügen**.
- Klicke auf **Tabelle** und wähle aus, wie viele Spalten und Zeilen du benötigst.

Hier kannst du die Schriftart ändern.

| Datei | Start | Einfügen | Entwurf | Layout | >> |

Schriftart — Arial 12 **F** *K* U ab̶c̶ A — Absatz

Name	Merit Müller
♥ – Beschäftigung	malen, Fußball spielen 
♥ – Essen	Nudeln mit Ketchup
♥ – Getränke	Apfelschorle
♥ – Schulfach	Sport & Mathe
♥ – Buch	Hilfe, ich habe meinen Bruder im Internet getauscht
♥ – Film	Die wilden Kerle
Das möchte ich später werden.	Fußballspielerin in der Bundesliga  ⚽

So kannst du Bilder aus dem Internet einfügen:
- Klicke mit der rechten Maustaste auf das Bild.
- Gehe mit der Maus auf **Grafik kopieren**.
- Klicke an der gewünschten Stelle in deinem Dokument mit der rechten Maustaste und wähle **Einfügen** aus.
- Passe die Größe an.

Achtung! Überprüfe, ob du das Bild verwenden darfst.

2 Gestalte deinen Steckbrief am Computer.

Texte schreiben

Dateien speichern und wiederfinden

1 Wie könnt ihr Dateien in einem Ordner auf dem Desktop des Computers ablegen? Tauscht euch aus.

Damit du Dateien schnell wiederfindest, kannst du neue Ordner anlegen.

Der Desktop ist der Schreibtisch des Computers.

So kannst du einen Ordner auf dem Computer anlegen:
- Klicke mit der rechten Maustaste auf eine freie Fläche auf dem Desktop.
- Wähle die Schaltfläche **Neuer Ordner** .
- Der neue Ordner erscheint auf dem Desktop.
- Solange das Feld blau gefärbt ist, kannst du diesem Ordner einen passenden Namen geben.

2 Merit hat in ihrem Ordner mehrere Unterordner angelegt. Wie ist sie vorgegangen? Erklärt.

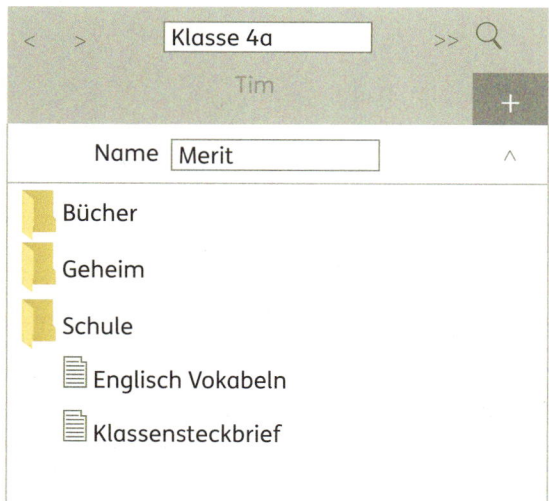

Unterordner legst du genauso an wie Ordner, nur nicht auf dem Desktop, sondern im Ordner.

3 Lege einen Ordner mit deinem Namen an. Erstelle die gleichen Unterordner wie Merit.

Texte schreiben

4 Lest den Text. Wie speichert man Dateien? Sprecht darüber.

Wenn du einen Text am Computer geschrieben hast, solltest du ihn speichern. So kannst du die Datei später wiederfinden und immer wieder bearbeiten. Speichere deine Dateien nicht auf dem Desktop, sondern in einem passenden Ordner.

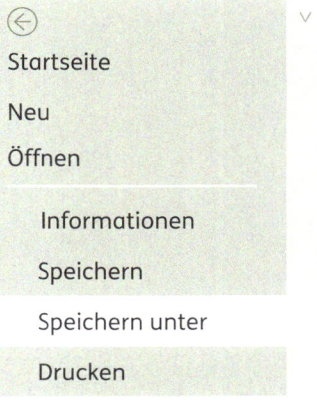

So kannst du Dateien auf dem Computer speichern:
- Klicke auf **Datei** oder auf das Symbol .
- Tippe auf **Speichern unter**.
- Gib der Datei einen passenden Namen.
- Wähle einen Ordner aus, in dem du die Datei speichern möchtest.
- Drücke **Speichern** oder **Sichern**.

5 Speichert eure Steckbriefe in eurem Ordner. Denkt an einen passenden Namen.

6 Unter welchem Dateinamen hast du deinen Steckbrief abgespeichert? Erkläre.

7 Schreibe den Witz ab und speichere ihn unter einem passenden Namen im Ordner **Lustiges**.

Eine Frau möchte einen Wassernapf für ihren Hund kaufen.
Der Verkäufer fragt: „Soll auf dem Napf **Für meinen Hund** stehen?"
Die Kundin antwortet: „Das ist nicht nötig. Mein Mann trinkt kein Wasser und mein Hund kann nicht lesen."

Wenn du deine Datei nicht mehr brauchst, kannst du sie löschen.

Ich kann Dateien auf dem Computer speichern.

Texte schreiben

Eine Abschlusszeitung gestalten

1 Ordnet die Schlagzeilen den passenden Bereichen zu. Sprecht darüber.

| Wirtschaft | Politik | Lokales | Sport |

Bundestagswahl
Überraschendes Wahlergebnis

Detektiv Fuchs ermittelt wieder
Kinderbuchautorin liest in der Bücherei

Spannung und Bundesliga
Welche Vereine steigen ab?

Wie geht es nun weiter?
Deutscher Spielzeughersteller ist pleite

2 Wie plant Merits Klasse ihre Abschlusszeitung? Sprecht darüber.

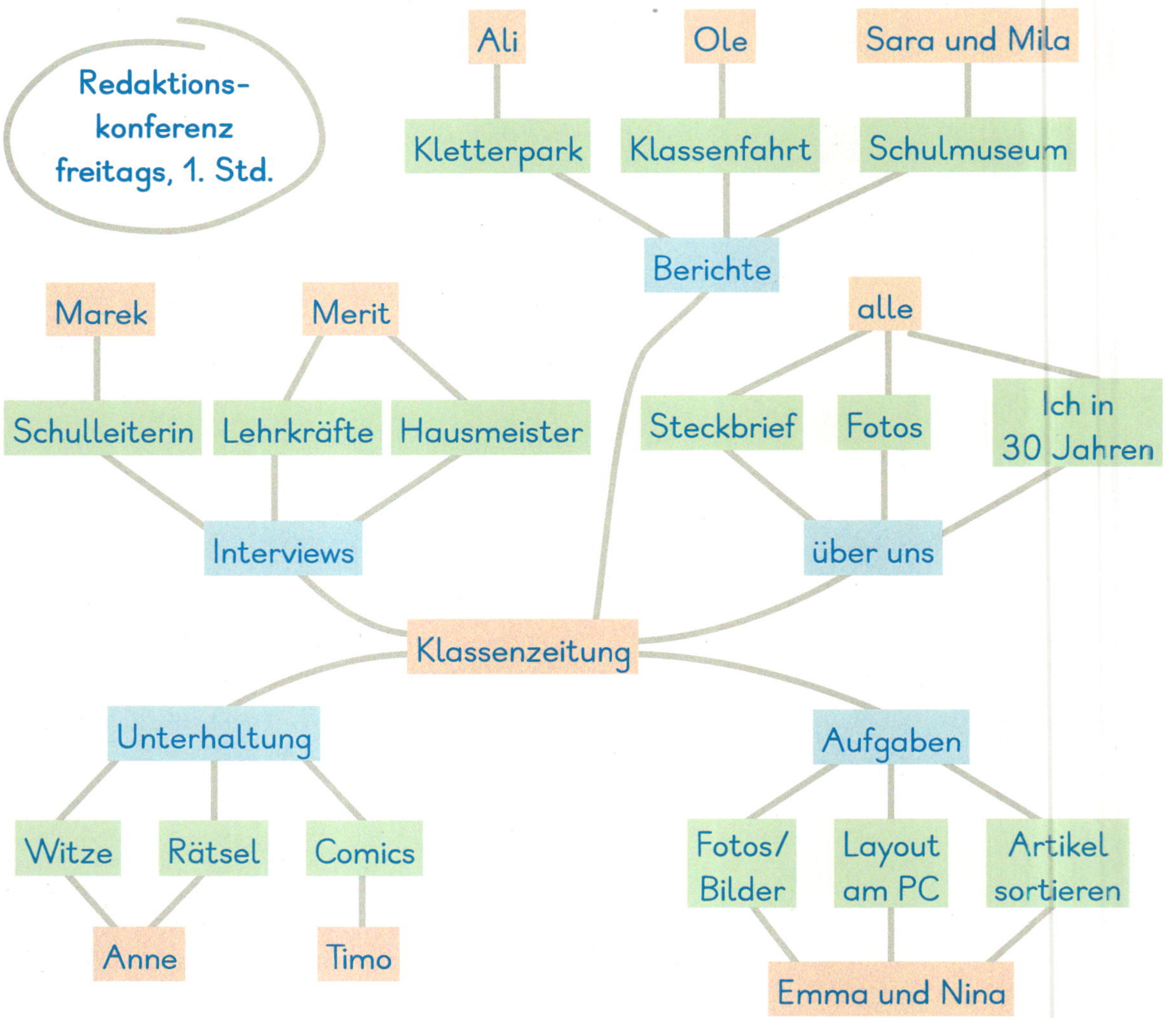

Redaktionskonferenz freitags, 1. Std.

- Berichte
  - Ali — Kletterpark
  - Ole — Klassenfahrt
  - Sara und Mila — Schulmuseum
- Interviews
  - Marek — Schulleiterin
  - Merit — Lehrkräfte, Hausmeister
- über uns
  - alle — Steckbrief, Fotos, Ich in 30 Jahren
- Unterhaltung
  - Witze, Rätsel — Anne
  - Comics — Timo
- Aufgaben
  - Fotos/Bilder, Layout am PC, Artikel sortieren — Emma und Nina

Klassenzeitung

Texte schreiben

3 Welche Bereiche soll eure Abschlusszeitung haben? Erstellt eine Mindmap.

4 Welche Arbeitsschritte sind für die Abschlusszeitung notwendig? Welches Material benötigt ihr? Überlegt gemeinsam.

> Für das Interview müssen wir Fragen vorbereiten und ein Aufnahmegerät besorgen.

Interview:
- Fragen vorbereiten: Ali + Sara
- Aufnahmegerät besorgen:

> Wir müssen die Aufgaben verteilen.

> Wir brauchen auch ein Deckblatt, ein Inhaltsverzeichnis und Werbeanzeigen.

5 Gestaltet eure Abschlusszeitung. Ihr könnt eure Texte auch mit dem Computer schreiben.

6 Wie hat die Zusammenarbeit geklappt? Berichtet.

Sprache untersuchen / Richtig schreiben

Wörter mit langem i (M)

1 ✏ Lies das Quatschgedicht.
Schreibe die markierten Wörter heraus. Markiere **I/i**.

Quatschgedicht

Das Krokodil pickt die Rosinen,
der Delfin verschlingt Sardinen.

Tiger verstecken sich hinter Gardinen,
Igel lieber in Vitrinen.

Der Biber spielt gern Violine,
Timo isst 'ne Apfelsine.

2 👥 Untersucht die Wörter aus Aufgabe 1. Was fällt euch auf?

> Bei manchen Wörtern hören wir ein **langes i**, schreiben aber nur **i**.
> Häufig sind das Namen für Menschen, Tiere, Städte, Länder oder Fremdwörter. Diese Wörter sind Merkwörter.

3 ✏ Schreibe die Wörter richtig auf. Markiere **i**.

die Kant●ne   das V●rus   die Kab●ne

der P●lot   die Turb●ne   die Margar●ne

die Kus●ne   der Masch●nenraum

> Wörter mit der Endung **-ine** werden immer nur mit **i** geschrieben.

4 ✏ Schreibe den Text mit passenden Wörtern aus Aufgabe 3 auf.

Nico auf hoher See
Nico fährt mit dem Schiff zu seiner ●●● nach Afrika.
An Bord schläft er in einer kleinen ●●●.
Zum Frühstück geht Nico in die ●●●. Dort isst er ein Brötchen mit ●●●.
Im ●●● dröhnen die ●●●.

136 >> AH S. 74

Sprache untersuchen / Richtig schreiben

Fehlertexte überarbeiten

1 Lies Oles Bericht für die Abschlusszeitung.

Besuch bei der Nürnberger Morgenpost

Am Montag, dem 6. Juni, lernten wir die <u>verschiednen</u> Berufe
bei einer Zeitung kennen. Zuerst ging es in die Redaktion.
<u>Teglich</u> kommen die Redakteurinnen und Redakteure
in der <u>Redaktions Konferenz</u> zusammn, um die <u>ausgabe</u>
für den nächsten <u>Tak</u> zu besprechen.
Danach sitzen sie an ihren <u>Komputern</u> und schreiben Artikel
für die <u>Einzelnen</u> Themen.
Die Chefredakteurin entscheidet, welche Artikel am nächsten Tag
erscheinen.
Sie sucht gemeinsam mit dem <u>Biltredakteur</u> die <u>fotos</u> für die Artikel aus.
Bevor die Zeitung am Abend in den Druck geht, wird das Layout,
also die <u>Gestaltng</u> der <u>seiten</u>, nochmals kontrolliert.
Wir waren auch in der Abteilung, in der die <u>Pletze</u> für die Werbung
verkauft werden.
Zum Schluss besichtigten wir die Halle mit den <u>Riesigen</u> <u>Druckmaschienen</u>.

2 Wie werden die Wörter aus Aufgabe 1 richtig geschrieben?
Welche Strategie hilft, das Wort richtig zu schreiben? Überlegt gemeinsam.

3 Zeichne eine Tabelle. Schreibe die falsch geschriebenen Wörter
aus Aufgabe 1 richtig auf. Welche Strategie hilft dir dabei? Begründe.

Berichtigung	Strategie
verschiedenen	Jede Silbe hat einen Vokal.
...	...

Nutze das Wörterbuch.

4 Schreibe einen eigenen Text für die Abschlusszeitung.

5 Überprüft eure Texte aus Aufgabe 4 und berichtigt.

Wörter üben

Lernwörter und eigene Wörter
gehören • müssen • wann • der Müll • warum • das Rätsel • nächste • der Berg • die Milch • dringend • ...

Die Schülerzeitung
Sechs Kinder gehören zu dem Schülerzeitungsteam.
Nächste Woche soll eine neue Ausgabe erscheinen.
Sie haben bereits viele Berichte geschrieben.
Franz schreibt einen Artikel über Kühe in den Bergen, die viel Milch geben.
Anni und Merit möchten Kinder interviewen, wann und warum sie fernsehen. Mila will über den Müll auf dem Schulhof berichten.
Hier muss sich dringend etwas ändern.
Josef denkt sich ein Rätsel aus. Es gibt sogar einen Büchergutschein zu gewinnen. Ali hat ein Märchen geschrieben.

1. Notiere die Lernwörter. Markiere schwierige Stellen.

2. Schreibe den Text ab. Markiere die Lernwörter.

3. Welche Wörter im Text willst du noch üben? Schreibe sie auf.

4. Vergleicht eure Lernwörter. Tauscht euch aus.

5. Untersucht ein Lernwort in einem Rechtschreibgespräch.

6. Schreibe alle Verben aus dem Text in der Grundform auf.
   Ergänze die ich-Form in der 1. und 2. Vergangenheit.
   Schreibe so: gehören — ich gehörte — ich habe gehört, ...

7. Schreibe den Lernwörtertext mit dem Computer ab.

8. Markiere die Lernwörter in deinem Schreibprogramm gelb.

9. Schreibe noch weitere Sätze mit den Lernwörtern auf dem Computer.
   Speichere die Datei mit einem passenden Namen ab.

Wörter üben

Lernwörter und eigene Wörter

die Zeitung • gerade • die Hand • können • werden • sofort • rufen • groß • irren • drucken • schwarz • ...

Der Stromausfall

Die Kinder arbeiten fleißig im PC-Raum an der Zeitung.
Sie können gut zusammenarbeiten und kommen schnell voran.
Als sie gerade etwas drucken wollen,
werden die Bildschirme plötzlich schwarz.
Der Strom ist ausgefallen! Ist jetzt alles gelöscht?
Mila wirft die Hände über den Kopf und ruft verzweifelt:
„Wenn jetzt alles weg ist, werde ich verrückt!"
Ali schüttelt den Kopf: „Nein, bestimmt irrst du dich!
Ein großer Vorteil unseres Programms ist,
dass es die Dokumente sofort speichert."

1. Notiere die Lernwörter. Markiere schwierige Stellen.

2. Schreibe den Text ab. Markiere die Lernwörter.

3. Welche Wörter im Text willst du noch üben? Schreibe sie auf.

4. Vergleicht eure Lernwörter. Tauscht euch aus.

5. Untersucht ein Lernwort in einem Rechtschreibgespräch.

6. Schreibe alle Adjektive aus dem Text auf.

7. Steigere die Adjektive von Aufgabe 6.
   Schreibe so: fleißig — fleißiger — am fleißigsten

8. Ordne jedem Adjektiv ein passendes Nomen zu.
   Schreibe so: der fleißige Schüler, ...

9. Schreibe den Lernwörtertext mit dem Computer ab.

Üben

Adjektive

1 Schreibe die Sätze ab. Ergänze die zusammengesetzten Adjektive.
Schreibe so: Das Rennrad fährt schnell wie der Blitz. Es fährt blitzschnell.

| schneeweiß | federleicht | blitzschnell | zuckersüß |

Das Rennrad fährt schnell wie der Blitz.
Die Limonade schmeckt süß wie Zucker.
Die Sportschuhe sind leicht wie eine Feder.
Die Zahnpasta macht die Zähne weiß wie Schnee.

2 Schreibe die Werbesätze auf.
Ergänze die zusammengesetzten Adjektive.

Die Decke ist weich wie Samt. Sie ist ●●●.
Der Teppich ist schön wie ein Bild. Er ist ●●●.
Das Sportgetränk ist kalt wie Eis. Es ist ●●●.
Der Kletterturm ist groß wie ein Riese. Er ist ●●●.
Die Wäsche ist weiß wie eine Perle. Sie ist ●●●.

3 Bilde Vergleiche und steigere die Adjektive.
Schreibe so: Das Skateboard ist schnell. Der Roller ist ... als ...
Das Fahrrad ist am ...

| schnell |  |  |  |

| lecker |  |  |  |

| klein |  |  | |

Üben

Wortbausteine

1 Ordne die Wörter nach Nomen, Verben und Adjektiven.
Achte auf die Groß- und Kleinschreibung.

Nomen	Verben	Adjektive
die Eindeutigkeit	...	...

RATLOS   WIRKLICHKEIT   BEARBEITUNG   ANWESENHEIT

BELOHNEN   DAUERHAFT   UNWIRKSAM   ABGEBEN   ZUSAGEN

2 Markiere in der Tabelle von Aufgabe 1 die Vor- und Nachsilben.
Kreise den Wortstamm ein.

Wörter mit langem i

3 Schreibe die Wörter auf. Markiere **i**.

PINGUINDELFINSARDINETIGERIGELBIBERKROKODILNILPFERD

4 Schreibe den Text auf. Ergänze die fehlenden Wörter.

Hugo isst eine A⬤⬤⬤ 🍊 und liest die Nachrichten in der Zeitung.

Ein T⬤⬤⬤ 🐯 ist aus seinem Käfig im Zoo ausgebrochen.

In den Bergen ist eine L⬤⬤⬤ 🏔️ ins Tal gestürzt.

Auf der Straße hat ein Lastwagen viele L⬤⬤⬤ 🥛 Öl verloren.

5 Überprüfe die eingesetzten Wörter mit dem Wörterbuch.

141

Lernen lernen

Einen Film drehen

Es gibt verschiedene Arten von Filmen:

Filme, die uns unterhalten   Filme, die uns informieren   Werbefilme

Auch mit einem Tablet können Filme gedreht werden.
Jeder Film muss gut geplant werden.

- Was für einen Film drehen wir?
- Für wen soll der Film sein?
- Wo drehen wir?
- Wer macht was?
- Was brauchen wir?

Lernen lernen

Ein Drehbuch ist eine Anleitung für einen Film. Darin steht, was die Personen sagen und was sie tun. Auch Hinweise zu Requisiten, Drehort und Kulissen können in einem Drehbuch vermerkt werden.

Wir drehen einen Märchenfilm.

Super Idee – wir könnten Rotkäppchen nachstellen.

Den Film zeigen wir der Klasse 4b.

Drehbuch Rotkäppchen
Szene im Wald:

Rotkäppchen spaziert fröhlich mit Korb am Waldweg entlang.
(Fernaufnahme von Rotkäppchen im Wald)
Wolf versteckt sich hinter einem Baum und beobachtet Rotkäppchen.
(Fokus auf Wolf)
Wolf (springt hervor): Wohin des Weges, mein liebes Kind?
...

 So könnt ihr einen Film drehen:
- Entscheidet, was für einen Film ihr drehen wollt.
- Überlegt, wem ihr den Film zeigen wollt.
- Plant euren Film und überlegt euch passende Szenen.
- Schreibt ein Drehbuch:
    - Welche Requisiten braucht ihr?
    - Braucht ihr eine bestimmte Kulisse oder einen Hintergrund?
    - Wer ist dabei? Was passiert?
    - Wo ...?
- Filmt jede Szene. Ein Kind überprüft, ob alles wie im Drehbuch abläuft.
- Am Computer könnt ihr dann die einzelnen Szenen zu einem Film zusammensetzen. Achtet auf die Übergänge.

Texte schreiben

Durch das Jahr

Herbst: Bauanleitung für ein Insektenhotel

1. Lest die Anleitung und seht euch die Bilder an. Tauscht euch aus.

Du brauchst:
- eine alte, ausgespülte Blechdose
- ein Stück Maschendraht
- trockene Zweige, Stroh
- eine Rolle Draht
- eine Schere

1. Kürze die Zweige und das Stroh.
   Nichts soll über den Dosenrand stehen.

2. Stecke möglichst viele Zweige in die Dose.
   Fülle das Stroh in die Zwischenräume.

3. Bedecke die Dose mit dem Maschendraht.

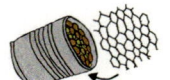

4. Knicke den Maschendraht um.
   Befestige ihn mit dem Draht.

5. Stelle dein Insektenhotel an einem sonnigen Platz auf.

> Sei vorsichtig, wenn du mit Maschendraht arbeitest.

2. Wie bereiten sich Insekten im Herbst auf den Winter vor? Recherchiert im Internet und notiert Stichwörter.

> Baut ein Insektenhotel.
> Es bietet uns im Winter Schutz.

3. Stellt euch gegenseitig eure Ergebnisse von Aufgabe 2 mithilfe der Stichwörter vor.

Texte schreiben

Herbst: Eine Halloween-Geschichte schreiben

1 Was passiert auf den Bildern? Erzählt.

2 Schreibe Stichwörter zu jedem Bild aus Aufgabe 1.

Die Fragen helfen dir dabei:
- Wo und wann spielt die Geschichte?
- Wer ist auf dem Bild zu sehen?
- Was passiert auf dem Bild?
- Was passiert zwischen den Bildern?
- Was denken 💭, fühlen ❤ oder sagen 💬 die Gespenster?

3 Schreibe die Halloween-Geschichte auf.
Du kannst auch mit dem Computer schreiben.

Texte schreiben

Winter: Bratäpfel zubereiten

○ **1** 👥 Seht euch die Bilder an.
Benennt die Zutaten und Arbeitsschritte.

> **Bratäpfel**
>
> Zutaten für 3 Personen:
> – 3 süße Äpfel
> – 1 Packung Vanillepudding
> – 3 Esslöffel Erdbeermarmelade
> – 1/2 Liter Milch
> – gehackte Walnusskerne

175 Grad 40 min

◐ **2** 👥 Lest die Arbeitsschritte.
Wie ist die richtige Reihenfolge? Achtet auf die Satzanfänge.

> Anschließend füllst du in jeden Apfel einen Esslöffel Erdbeermarmelade und einen Esslöffel Vanillepudding.

> Danach schälst du die Äpfel und höhlst sie vorsichtig aus.
> Fertig ausgehöhlte Äpfel stellst du in eine feuerfeste Form.

> Zuerst kochst du den Vanillepudding.

> Zum Schluss streust du gehackte Walnusskerne über die Äpfel.

> Nun backst du die Bratäpfel bei 175 Grad für etwa 40 Minuten im vorgeheizten Backofen. Die Bratäpfel sind fertig, wenn sie weich sind.

◐ **3** ✏️ Schreibe das Rezept auf. Denke an die Zutaten und achte auf die Reihenfolge.
Du kannst das Rezept auch mit dem Computer schreiben.

Sprechen und zuhören

Winter: Ein Winterbild beschreiben

1. Betrachtet das Bild. Welche Gefühle weckt es in euch? Tauscht euch aus.

Quint Buchholz: *Schneeelefanten – Snow Elephants* (1997)

2. Seht euch das Bild genau an und beantwortet folgende Fragen.

- Wie heißt das Bild?
- Wer hat das Bild gemalt?
- Wann wurde das Bild gemalt?
- Was ist das Besondere an dem Bild?
- Wo sind Personen in dem Bild und was machen sie?
- Wo sind Gegenstände im Bild und wie sehen sie aus?
- Was will der Maler mit dem Bild ausdrücken?
- Wie gefällt euch das Bild?

Texte schreiben

Frühling: Gedichte schreiben

○ **1** Was fällt dir zum Frühling ein? Schreibe Wörter oder Sätze auf.

○ **2** Lest die Frühlingsgedichte. Welche Gedichtformen kennt ihr schon? Erklärt ihren Aufbau.

Farbenzauber überall.
Rosarot blühen die Apfelbäume.
Überall summen Bienen.
Hell scheint die Sonne.
Libellen schwirren durch die warme Luft.
Irgendwo ertönt ein Frühlingslied.
Narzissen und Tulpen leuchten in den Beeten.
Großartig, der Frühling ist da!
(Akrostichon)

Lieblich still und zart
begrüßte mich der Frühling
mit Mandelblüten.
(Haiku)

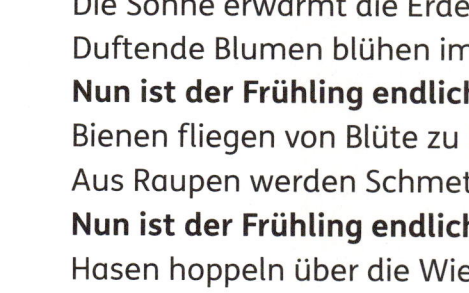

Blütenmeer
Vögel zwitschern
Die Sonne lacht
Frösche quaken am Teich
Frühling
(Elfchen)

Nun ist der Frühling endlich da.
Die Sonne erwärmt die Erde.
Duftende Blumen blühen im Park.
Nun ist der Frühling endlich da.
Bienen fliegen von Blüte zu Blüte.
Aus Raupen werden Schmetterlinge.
Nun ist der Frühling endlich da.
Hasen hoppeln über die Wiese.
(Rondell)

> Ein Rondell ist ein Gedicht, das sich nicht reimt. Die erste Zeile wird mehrfach wiederholt.

○ **3** Schreibe mit deinen Wörtern oder Sätzen aus Aufgabe 1 ein Frühlingsgedicht. Wähle eine Gedichtform aus oder schreibe ein Gedicht mit Reimwörtern.

Texte schreiben

Frühling: Feste

1 Lest die Texte und seht euch die Bilder an.
Was erfahrt ihr über die Feste zum Frühlingsanfang? Tauscht euch aus.

Nouruz (sprich: No - ruus)
Im Iran beginnt das neue Jahr,
wenn der Frühling im März anfängt.
„Nou" bedeutet „neu" und „ruz" „der Tag".
Erst wird die Wohnung geputzt.
Danach wird ein Gabentisch mit 7 Symbolen aufgebaut,
die für das neue Jahr Glück bringen sollen.
Nouruz dauert insgesamt 13 Tage.
Für Erwachsene und Kinder gibt es neue Kleidung
und viele Geschenke.
Familie, Freunde und Nachbarn treffen sich zum Picknick.
Sie singen und tanzen, um den Frühling zu begrüßen.

Masleniza
In Russland wird der Winter mit dem Fest Masleniza verabschiedet.
Es wird eine Woche lang gefeiert.
Zuerst basteln die Kinder eine große Puppe aus Stroh.
Am nächsten Tag werden gemeinsam Spiele gespielt.
Auf den Straßen wird mit viel Musik getanzt und gefeiert.
Dann trifft sich die Großfamilie und es werden Blinis gegessen.
Blinis sind russische Pfannkuchen.
Am Ende der Festwoche wird die Strohpuppe verbrannt.
Sie soll den Winter vertreiben.

2 Welche Feste feiert ihr im Frühling? Erzählt.

| Ostern | Passahfest | Hanami | ... |

3 Recherchiert im Internet zu Festen im Frühling.
Notiert Stichwörter und informiert euch gegenseitig.

Texte schreiben

Sommer: Bauernregeln und Sprachspielereien

1 Lest die alten Bauernregeln. Erklärt sie mit eigenen Worten.

> Im Juni viel Donner, bringt einen trüben Sommer.

> Im Juli warmer Sonnenschein, macht alle Früchte reif und fein.

> Ist der August sehr heiß, bringt der Winter viel Schnee und Eis.

> Wenn's im September blitzt und kracht, gibt's eine späte Blütenpracht.

Wozu brauchten Menschen früher Bauernregeln?

2 Suche im Internet weitere Bauernregeln. Schreibe sie auf ein Schmuckblatt und male dazu.

3 Lest die Wortbilder. Was fällt euch auf? Erzählt.

Reinhard Döhl

entfl o gen

verl ren

Das ist **Konkrete Poesie**.

4 Sammelt Wörter oder Themen, die sich für Wortbilder eignen.

5 Schreibt ähnliche Wortbilder. Erstellt ein Wortbilderbuch.

Sprechen und zuhören

Sommer: Sketche nachspielen

Ein Sketch ist ein gespielter Witz.

○ **1** Lest die Schulsketche mit verteilten Rollen.

Lehrer: „Paul, wenn du zehn Äpfel hast, und diese mit deinem kleinen Bruder teilen sollst, wie viele bekommt dein Bruder?"
Paul: „Einen!"
Lehrer: „Falsch! Du kannst ja gar nicht rechnen!"
Paul: „Oh doch, Herr Lehrer! Ich schon, aber mein kleiner Bruder noch nicht!"

Lehrer: „Wärme verursacht Dehnung, bei Kälte zieht sich dagegen alles zusammen. Kann mir jemand ein Beispiel nennen?"
Linus: „Ja, die Sommerferien zum Beispiel sind viel länger als die Weihnachtsferien."

Lehrerin: „Mia, zähl einmal von 1 bis 10."
Mia: „1-2-3-4-5-6-7-8-9-10."
Lehrerin: „Das gleiche nochmal, jetzt aber rückwärts."
Mia (dreht sich um): „1-2-…"

Lehrerin: „Tina, du hast doch den Aufsatz zum Thema ‚Mein Haustier' wortwörtlich von deiner Zwillingsschwester abgeschrieben!"
Tina: „Ja, das stimmt, Frau Lehrerin. Was sollte ich machen? Wir haben nur das eine Haustier!"

● **2** Welche Requisiten braucht ihr für die Sketche? Tauscht euch aus.

● **3** Spielt die Sketche nach. Denkt auch an passende Mimik und Gestik.

Ihr könnt eure Sketche filmen.

● **4** Recherchiert weitere Sketche und spielt sie nach.

Fachbegriffe

Nomen: **Nomen** bezeichnen Menschen, Tiere, Pflanzen oder Dinge.
Wir schreiben sie groß.
Auch Wörter, die Gefühle oder Gedanken bezeichnen, sind Nomen:
der Schmerz, die Idee, ...
Nomen können in der Einzahl oder in der Mehrzahl stehen.
Nomen haben ein Geschlecht. Sie können **männlich**, **weiblich** oder **sächlich** sein:
der Mann, die Frau, das Kind.

Zusammengesetzte Nomen setzen sich aus einem Bestimmungswort und einem Grundwort zusammen. Das Bestimmungswort beschreibt das Grundwort genauer.
Der Artikel richtet sich immer nach dem Grundwort.

die Hand + *der Ball* = *der Handball*
Bestimmungswort   Grundwort

Manchmal fällt ein Buchstabe weg: *das Schul(e)ende* oder es werden Fugenelemente eingefügt: *das Wochenende, das Ausflugsziel.*

Nomen können im Satz in **vier Fällen** verwendet werden:
1. Fall: Wer oder was ...?   *das Mädchen*
2. Fall: Wessen ...?   *des Mädchens*
3. Fall: Wem ...?   *dem Mädchen*
4. Fall: Wen oder was ...?   *das Mädchen*

Artikel: Nomen werden von einem **bestimmten Artikel** oder einem **unbestimmten Artikel** begleitet: *der – ein, die – eine, das – ein.*

Pronomen: Die Wörter **ich, du, er/sie/es, wir, ihr, sie** sind **Pronomen**.
Sie können Nomen ersetzen: **Der Junge** *sieht einen Film.* **Er** *sieht einen Film.*

Wörter, mit denen wir Personen in Briefen oder E-Mails ansprechen, nennen wir **Anredepronomen**. Bei der Anrede von erwachsenen Personen, mit denen wir nicht befreundet sind, schreiben wir die Wörter **Sie, Ihre, Ihr, Ihnen,** ... immer groß:
Wir möchten Sie um Ihre Hilfe bitten.

Fachbegriffe

Verben: Wörter, die sagen, was Personen, Tiere, Pflanzen und Dinge tun, heißen **Verben**.
Verben stehen in der **Grundform**: *spielen* oder in der **Personalform**:
ich spiele, du spielst, er/sie/es spielt, wir spielen, ihr spielt, sie spielen.

Zeitformen: Verben geben an, in welcher Zeit etwas geschieht.
Wenn etwas jetzt passiert, steht das Verb in der **Gegenwart**: *ich lerne, ich laufe.*
Passierte etwas früher, steht das Verb in der **1. Vergangenheit**: *ich lernte, ich lief.*
Die **2. Vergangenheit** benutzen wir meist beim mündlichen Erzählen eines Erlebnisses.
Sie wird mit den Hilfsverben **haben** oder **sein** gebildet:
Ich habe gelernt. Ich bin gelaufen.
Die Zeitform **Zukunft** zeigt an, dass etwas in der Zukunft geschehen wird. Wir bilden sie mit dem Hilfsverb **werden** und dem Verb in der Grundform:
Ich werde lernen. Ich werde laufen.

Bei manchen Verben verändert sich auch der Wortstamm:
schreiben – ich schrieb – ich habe geschrieben.

Adjektive: **Adjektive** beschreiben, wie etwas ist oder aussieht.
Wenn Adjektive vor Nomen stehen, verändert sich ihre Endung:
alt – die alten Tiere, braun – der braune Hund.

Adjektive können wir steigern. Es gibt drei **Vergleichsstufen**:

Grundform	1. Vergleichsstufe	2. Vergleichsstufe
schön	schöner	am schönsten
gut	besser	am besten

Mit Adjektiven können wir vergleichen. Wenn etwas **gleich** ist, wird es mit den Vergleichswörtern **so ... wie** beschrieben. Wir verwenden die Grundform:
*Ich bin **so** groß **wie** du.*
Wenn etwas **unterschiedlich** ist, wird es mit dem Vergleichswort **als** beschrieben. Wir verwenden die 1. Vergleichsstufe: *Du bist größer **als** ich.*

Bindewörter: Mit **Bindewörtern** können wir Sätze verbinden: *und, oder, wenn, weil, damit, aber, dass, ...*
Vor den Bindewörtern **und** und **oder** steht kein Komma.
Mia trinkt einen Saft und isst einen Apfel.
Ida baut einen Schmetterlingskasten, damit Schmetterlinge Schutz finden.

Fachbegriffe

Wortfamilie: Wörter mit gleichem oder ähnlichem Wortstamm gehören zu einer **Wortfamilie:** *lesen, Lesebuch, vorlesen, Lesung, …*

Wortbausteine: Vorsilben können die Bedeutung eines Verbs verändern. *legen: ablegen, auflegen, hinlegen, überlegen, …*

Mit den **Wortbausteinen -heit**, **-keit**, **-ung**, **-nis** können wir aus Verben und Adjektiven Nomen bilden: *frei – die Freiheit, einsam – die Einsamkeit, reinigen – die Reinigung, geheim – das Geheimnis.*

Mit den Nachsilben **-ig**, **-lich**, **-isch**, **-haft**, **-sam**, **-bar** und **-los** können wir aus Nomen Adjektive bilden: *der Himmel – himmlisch, der Traum – traumhaft, die Aufmerksamkeit – aufmerksam, die Unerreichbarkeit – unerreichbar, die Bedenken – bedenkenlos.*

Satzarten und Satzzeichen: Am Satzanfang schreibe ich immer groß.
Am Ende eines **Aussagesatzes** steht ein **Punkt**: *Mila meldet sich.*
Am Ende eines **Fragesatzes** steht ein **Fragezeichen**: *Was möchtest du sagen?*
Nach einem **Ausruf** oder **Aufforderungssatz** steht ein **Ausrufezeichen**:
Ruhe! Hört endlich auf zu reden!

Wörtliche Rede: Was jemand sagt, heißt **wörtliche Rede**. Der **Redebegleitsatz** sagt uns, wer etwas sagt und wie es gesagt wird.
Die wörtliche Rede steht zwischen Anführungszeichen. Nach dem **vorangestellten Redebegleitsatz** steht ein Doppelpunkt.
Lotte sagt: „Ich gehe zum Sportunterricht."
Redebegleitsatz Doppelpunkt Anführungszeichen wörtliche Rede Anführungszeichen

Der **nachgestellte Redebegleitsatz** wird immer durch ein Komma von der wörtlichen Rede abgetrennt. Der Punkt davor entfällt.
„Ich gehe zum Sportunterricht", sagt Lotte.
Anführungszeichen wörtliche Rede Anführungszeichen Komma Redebegleitsatz

Fachbegriffe

Satzglieder: Ein Satz besteht aus **Satzgliedern**. Ein Satzglied besteht aus einem oder mehreren Wörtern.
Satzglieder können wir umstellen, die Wörter innerhalb eines Satzgliedes nicht:
Paul / kocht / eine Suppe. – Kocht / Paul / eine Suppe?

Subjekt: Mit der Frage **Wer oder was ...?** finden wir das **Subjekt** in einem Satz. Das Subjekt ist oft ein **Nomen oder Pronomen**.
Das Mädchen beobachtet die Enten. – Wer oder was beobachtet die Enten?

Prädikat: Mit den Fragen **Was tut ...?** oder **Was passiert?** finden wir das **Prädikat** (Satzkern) in einem Satz. Das Prädikat ist immer ein **Verb**.
Timo singt ein Lied. – Was tut Timo?
Es regnet. – Was passiert?
Ein Prädikat kann auch aus zwei Teilen bestehen:
Lia ruft Oma an. Lia hat Oma angerufen.
Lia wird Oma anrufen. Lia möchte Oma anrufen.

Satzergänzungen: Manche Prädikate fordern eine Satzergänzung. Erst dann ist der Satz vollständig.
Eine Satzergänzung ist ein Satzglied. Sie kann in verschiedenen Fällen stehen.
Wir bestimmen die **Satzergänzung im 3. Fall** mit der Frage: **Wem ...?**
Wem begegnen die Hasen? – der Försterin
Wir bestimmen die **Satzergänzung im 4. Fall** mit der Frage: **Wen oder was ...?**
Wen oder was findet die Kröte? – den Teich

Ortsangabe: Den **Ort** bestimmen wir mit den Fragen: **Wo? Wohin?** oder **Woher?**
Wo wohnt Amy? in Chicago

Zeitangabe: Die **Zeit** bestimmen wir mit den Fragen: **Wann? Wie lange? Wie oft?** oder **Seit wann?** *Wann spielt Amy Fußball? jede Woche*

Verhältniswörter können das **räumliche Verhältnis** zwischen Dingen oder Personen angeben (Ortsangabe): *auf der Welt, in Deutschland, ...*
Verhältniswörter können auch das **zeitliche Verhältnis** angeben (Zeitangabe):
bis heute, seit gestern, ...

Wörterliste

A a

ab
der **Abend**, die Aben|de
abends
aber
der **Ab|fall**, die Ab|fäl|le
ab|fal|len, es fällt ab,
es fiel ab,
es ist ab|ge|fal|len
die **Ach|tung**
ähn|lich, ähn|li|cher,
am ähn|lichs|ten
al|le
al|lein
alt, äl|ter, am äl|tes|ten
am
an
der **An|fang**, die An|fän|ge
an|fan|gen,
du fängst an,
du fingst an,
du hast an|ge|fan|gen
die **Angst**, die Ängs|te
ängst|lich, ängst|li|cher,
am ängst|lichs|ten
der **Ap|fel**, die Äp|fel
die **Ar|beit**, die Ar|bei|ten
ar|bei|ten, er ar|bei|tet,
er ar|bei|te|te,
er hat ge|ar|bei|tet
der **Är|ger**
är|ger|lich, är|ger|li|cher,
am är|ger|lichs|ten
är|gern, ich är|ge|re mich,
ich är|ger|te mich,
ich ha|be mich ge|är|gert
arm, är|mer,
am ärms|ten
der **Arm**, die Ar|me
der **Arzt**, die Ärz|te
die **Ärz|tin**, die Ärz|tin|nen
der **Ast**, die Äs|te

auf|bre|chen,
ich bre|che auf,
ich brach auf,
ich bin auf|ge|bro|chen
auf|ge|regt, auf|ge|reg|ter,
am auf|ge|reg|tes|ten
auf|merk|sam,
auf|merk|sa|mer,
am auf|merk|sams|ten
die **Auf|merk|sam|keit**,
die Auf|merk|sam|kei|ten
auf|räu|men,
ich räu|me auf,
ich räum|te auf,
ich ha|be auf|ge|räumt
sich auf|re|gen,
sie regt sich auf,
sie reg|te sich auf,
sie hat sich auf|ge|regt
die **Auf|re|gung**
auf|set|zen, sie setzt auf,
sie setz|te auf,
sie hat auf|ge|setzt
aus|bil|den, er bil|det aus,
er bil|de|te aus,
er hat aus|ge|bil|det
die **Aus|bil|dung**,
die Aus|bil|dun|gen
aus|bre|chen,
ich bre|che aus,
ich brach aus,
ich bin aus|ge|bro|chen
der **Aus|bruch**
au|ßer
der **Aus|flug**, die Aus|flü|ge

B b

das **Ba|by**, die Ba|bys
ba|cken, er backt/er bäckt,
er back|te,
er hat ge|ba|cken

der **Bä|cker**, die Bä|cker
die **Bä|cke|rin**,
die Bä|cke|rin|nen
das **Bad**, die Bä|der
ba|den, sie ba|det,
sie ba|de|te,
sie hat ge|ba|det
die **Bahn**, die Bah|nen
der **Ball**, die Bäl|le
das **Band**, die Bän|der
die **Bank**, die Bän|ke
der **Bauch**, die Bäu|che
bau|en, sie baut,
sie bau|te,
sie hat ge|baut
der **Bau|er**, die Bau|ern
die **Bäue|rin**, die Bäue|rin|nen
der **Baum**, die Bäu|me
die **Bee|re**, die Bee|ren
das **Beet**, die Bee|te
be|geg|nen,
ich be|geg|ne ihr,
ich be|geg|ne|te ihr,
ich bin ihr be|geg|net
das **Be|hält|nis**,
die Be|hält|nis|se
bei|ßen, sie beißt, sie biss,
sie hat ge|bis|sen
das **Bei|spiel**, die Bei|spie|le
be|loh|nen, sie be|lohnt,
sie be|lohn|te,
sie hat be|lohnt
die **Be|loh|nung**,
die Be|loh|nun|gen
be|ob|ach|ten,
ich be|ob|ach|te,
ich be|ob|ach|te|te,
ich ha|be be|ob|ach|tet
be|quem, be|que|mer,
am be|quems|ten
der **Berg**, die Ber|ge
der **Be|richt**, die Be|rich|te

Wörterliste

be|rich|ten, er be|rich|tet,
er be|rich|te|te,
er hat be|rich|tet
be|ru|higt, er be|ru|hig|te,
er hat be|ru|higt
be|set|zen, sie be|setzt,
sie be|setz|te,
sie hat be|setzt
be|spre|chen,
du be|sprichst,
du be|sprachst,
du hast be|spro|chen
die **Be|spre|chung**,
die Be|spre|chun|gen
be|stel|len,
du be|stellst,
du be|stell|test,
du hast be|stellt
be|stim|men,
sie be|stimmt,
sie be|stimm|te,
sie hat be|stimmt
der **Be|such**, die Be|su|che
be|su|chen, ihr be|sucht,
ihr be|such|tet,
ihr habt be|sucht
das **Bett**, die Bet|ten
sich be|we|gen,
sie be|wegt sich,
sie be|weg|te sich,
sie hat sich be|wegt
der **Bi|ber**, die Bi|ber
bie|gen, es biegt,
es bog,
es hat ge|bo|gen
die **Bie|ne**, die Bie|nen
das **Bild**, die Bil|der
bil|lig, bil|li|ger,
am bil|ligs|ten
die **Bir|ne**, die Bir|nen
bis
biss|chen

bit|ten, ihr bit|tet,
ihr ba|tet,
ihr habt ge|be|ten
das **Blatt**, die Blät|ter
blei|ben, er bleibt, er blieb,
er ist ge|blie|ben
der **Blick**, die Bli|cke
blind
die **Blind|heit**
der **Blitz**, die Blit|ze
blit|zen, es blitzt,
es blitz|te,
es hat ge|blitzt
der **Block**, die Blö|cke
blond, blon|der,
am blon|des|ten
bloß
blü|hen, sie blüht,
sie blüh|te,
sie hat ge|blüht
die **Blu|me**, die Blu|men
die **Blü|te**, die Blü|ten
der **Bo|den**, die Bö|den
boh|ren, sie bohrt,
sie bohr|te,
sie hat ge|bohrt
das **Bon|bon**, die Bon|bons
das **Boot**, die Boo|te
bo|xen, sie boxt,
sie box|te, sie hat ge|boxt
der **Brand**, die Brän|de
bren|nen, es brennt,
es brann|te,
es hat ge|brannt
der **Brief**, die Brie|fe
die **Bril|le**, die Bril|len
brin|gen, er bringt,
er brach|te,
er hat ge|bracht
das **Brot**, die Bro|te
die **Brü|cke**, die Brü|cken
der **Brun|nen**, die Brun|nen

das **Buch**, die Bü|cher
bunt, bun|ter,
am bun|tes|ten
die **But|ter**

C c
die **Chan|ce**, die Chan|cen
der **Christ**, die Chris|ten
die **Chris|tin**, die Chris|tin|nen
der **Clown**, die Clowns
die **Clow|nin**, die Clow|nin|nen
der **Co|mic**, die Co|mics
der **Com|pu|ter**, die Com|pu|ter

D d
der **Dachs**, die Dach|se
da|mit
da|nach
die **Dank|bar|keit**
dan|ken, er dankt, er dank|te,
er hat ge|dankt
dann
dass
die **De|cke**, die De|cken
dein, dei|nem, dei|nen
dem
den
den|ken, du denkst,
du dach|test,
du hast ge|dacht
denn
Deutsch|land
dick, di|cker, am dicks|ten
der **Dieb**, die Die|be
die **Die|bin**, die Die|bin|nen
dies, die|sem, die|sen
das **Ding**, die Din|ge
das **Dorf**, die Dör|fer
dort
der **Dra|che**, die Dra|chen

157

Wörterliste

drau|ßen
dre|ckig, dre|cki|ger, am dre|ckigs|ten
dre|hen, sie dreht, sie dreh|te, sie hat ge|dreht
drin|gend
dro|hen, er droht, er droh|te, er hat ge|droht
dru|cken, sie druckt, sie druck|te, sie hat ge|druckt
dumm, düm|mer, am dümms|ten
die **Dumm|heit**, die Dumm|hei|ten
dun|kel, dunk|ler, am dun|kels|ten
die **Dun|kel|heit**, die Dun|kel|hei|ten
dünn, dün|ner, am dünns|ten
dür|fen, sie darf, sie durf|te, sie hat ge|durft
der **Durst**
durs|tig, durs|ti|ger, am durs|tigs|ten
der **Dy|na|mo**, die Dy|na|mos

E e

die **Ecke**, die Ecken
eckig, ecki|ger, am eckigs|ten
ehr|lich, ehr|li|cher, am ehr|lichs|ten
die **Ehr|lich|keit**
die **Ei|dech|se**, die Ei|dech|sen
ei|lig, ei|li|ger, am ei|ligs|ten
ein, ei|nem, ei|nen

ein|la|den, sie lädt ein, sie lud ein, sie hat ein|ge|la|den
die **Ein|la|dung**, die Ein|la|dun|gen
das **Eis**
die **El|tern**
die **E-Mail**, die E-Mails
emp|find|lich, emp|find|li|cher, am emp|find|lichs|ten
end|lich
eng, en|ger, am engs|ten
ent|de|cken, ich ent|de|cke, ich ent|deck|te, ich ha|be ent|deckt
die **Erd|bee|re**, die Erd|bee|ren
die **Er|de**
der **Er|folg**, die Er|fol|ge
das **Er|geb|nis**, die Er|geb|nis|se
er|hal|ten, sie er|hält, sie er|hielt, sie hat er|hal|ten
er|klä|ren, er er|klärt, er er|klär|te, er hat er|klärt
die **Er|klä|rung**, die Er|klä|run|gen
er|lau|ben, er er|laubt, er er|laub|te, er hat er|laubt
die **Er|laub|nis**, die Er|laub|nis|se
er|le|ben, sie er|lebt, sie er|leb|te, sie hat er|lebt
das **Er|leb|nis**, die Er|leb|nis|se
sich **er|näh|ren**, es er|nährt sich, es er|nähr|te sich, es hat sich er|nährt
die **Er|näh|rung**

er|schre|cken, ich er|schre|cke, ich er|schrak, ich bin er|schro|cken
erst
er|zäh|len, ihr er|zählt, ihr er|zähl|tet, ihr habt er|zählt
die **Er|zäh|lung**, die Er|zäh|lun|gen
es|sen, er isst, er aß, er hat ge|ges|sen
et|was
eu|er, eu|rem, eu|ren
Eu|ro|pa
die **Ex|pe|di|ti|on**, die Ex|pe|di|tio|nen

F f

die **Fah|ne**, die Fah|nen
fah|ren, sie fährt, sie fuhr, sie ist ge|fah|ren
das **Fahr|rad**, die Fahr|rä|der
fal|len, es fällt, es fiel, es ist ge|fal|len
die **Fa|mi|lie**, die Fa|mi|li|en
fan|gen, er fängt, er fing, er hat ge|fan|gen
fan|tas|tisch, fan|tas|ti|scher, am fan|tas|tischs|ten
die **Far|be**, die Far|ben
fär|ben, er färbt, er färb|te, er hat ge|färbt
die **Fee**, die Fe|en
der **Feh|ler**, die Feh|ler
fei|ern, er fei|ert, er fei|er|te, er hat ge|fei|ert
das **Feld**, die Fel|der
die **Fe|ri|en**

Wörterliste

fett, fet|ter,
am fet|tes|ten
fet|tig, fet|ti|ger,
am fet|tigs|ten
feucht, feuch|ter,
am feuch|tes|ten
die Feuch|tig|keit
fin|den, er fin|det,
er fand,
er hat ge|fun|den
der Fin|ger, die Fin|ger
die Fins|ter|nis
der Fisch, die Fi|sche
die Fla|sche, die Fla|schen
fle|ckig, fle|cki|ger,
am fle|ckigs|ten
der Fleiß
flei|ßig, flei|ßi|ger,
am flei|ßigs|ten
die Flie|ge, die Flie|gen
flie|gen, er fliegt, er flog,
er ist ge|flo|gen
flie|hen, ich flie|he,
ich floh,
ich bin ge|flo|hen
flie|ßen, es fließt,
es floss,
es ist ge|flos|sen
der Floh, die Flö|he
das Floß, die Flö|ße
der Fluss, die Flüs|se
flüs|sig, flüs|si|ger,
am flüs|sigs|ten
die Flüs|sig|keit,
die Flüs|sig|kei|ten
flüs|tern, er flüs|tert,
er flüs|ter|te,
er hat ge|flüs|tert
das Foh|len, die Foh|len
fra|gen, sie fragt,
sie frag|te,
sie hat ge|fragt

die Frei|heit, die Frei|hei|ten
fremd, frem|der,
am frem|des|ten
fres|sen, es frisst, es fraß,
es hat ge|fres|sen
die Freu|de, die Freu|den
sich freu|en, du freust dich,
du freu|test dich,
du hast dich ge|freut
der Freund, die Freun|de
die Freun|din,
die Freun|din|nen
freund|lich, freund|li|cher,
am freund|lichs|ten
der Frie|den
frie|ren, ich frie|re, ich fror,
ich ha|be ge|fro|ren
froh, fro|her,
am fro|hes|ten
fröh|lich, fröh|li|cher,
am fröh|lichs|ten
die Fröh|lich|keit
die Frucht, die Früch|te
früh, frü|her, am frü|hes|ten
der Fuchs, die Füch|se
füh|len, er fühlt, er fühl|te,
er hat ge|fühlt
der Fuß, die Fü|ße
der Fuß|ball, die Fuß|bäl|le
fut|tern, es fut|tert,
es fut|ter|te,
es hat ge|fut|tert

G g

ganz, gan|zem, gan|zen
der Gar|ten, die Gär|ten
das Ge|bäu|de, die Ge|bäu|de
ge|ben, sie gibt, sie gab,
sie hat ge|ge|ben
der Ge|burts|tag,
die Ge|burts|ta|ge

die Ge|duld
die Ge|fahr, die Ge|fah|ren
ge|fähr|lich,
ge|fähr|li|cher,
am ge|fähr|lichs|ten
ge|gen
das Ge|heim|nis,
die Ge|heim|nis|se
ge|hen, er geht, er ging,
er ist ge|gan|gen
ge|hö|ren, es ge|hört,
es ge|hör|te, es hat ge|hört
gelb
das Geld, die Gel|der
ge|nau
ge|ra|de
gern
das Ge|schenk,
die Ge|schen|ke
die Ge|schich|te,
die Ge|schich|ten
das Ge|sicht, die Ge|sich|ter
ges|tern
ge|sund, ge|sün|der,
am ge|sün|des|ten
die Ge|sund|heit
das Ge|wächs, die Ge|wäch|se
das Ge|wit|ter, die Ge|wit|ter
gie|ßen, sie gießt, sie goss,
sie hat ge|gos|sen
gif|tig, gif|ti|ger,
am gif|tigs|ten
die Gi|raf|fe, die Gi|raf|fen
glän|zen, es glänzt,
es glänz|te,
es hat ge|glänzt
glatt, glat|ter,
am glat|tes|ten
gleich
das Glück
glück|lich, glück|li|cher,
am glück|lichs|ten

159

Wörterliste

glü|hen, es glüht,
es glüh|te,
es hat ge|glüht
das **Gras**, die Grä|ser
grob, grö|ber, am gröbs|ten
groß, grö|ßer, am größ|ten
die **Groß|el|tern**
der **Gruß**, die Grü|ße
gu|cken, sie guckt,
sie guck|te, sie hat ge|guckt
die **Gur|ke**, die Gur|ken
gut, bes|ser, am bes|ten

H h

das **Haar**, die Haa|re
ha|ben, ich ha|be,
ich hat|te,
ich ha|be ge|habt
der **Hahn**, die Häh|ne
der **Hai**, die Haie
der **Hals**, die Häl|se
hal|ten, er hält, er hielt,
er hat ge|hal|ten
die **Hand**, die Hän|de
das **Han|dy**, die Han|dys
hart, här|ter,
am här|tes|ten
häu|fig
das **Haus**, die Häu|ser
die **Heim|lich|keit**,
die Heim|lich|kei|ten
heiß, hei|ßer,
am hei|ßes|ten
hei|ßen, er heißt, er hieß,
er hat ge|hei|ßen
hel|fen, du hilfst,
du halfst,
du hast ge|hol|fen
hell, hel|ler, am hells|ten
herr|lich, herr|li|cher,
am herr|lichs|ten

das **Herz**, die Her|zen
herz|lich, herz|li|cher,
am herz|lichs|ten
heu|te
die **He|xe**, die He|xen
hier
hin
die **Hit|ze**
hoch, hö|her,
am höchs|ten
hof|fent|lich
die **Höh|le**, die Höh|len
hö|ren, du hörst,
du hör|test,
du hast ge|hört
hübsch, hüb|scher,
am hüb|sches|ten
der **Hund**, die Hun|de
der **Hun|ger**
hung|rig, hung|ri|ger,
am hung|rigs|ten
hu|pen, er hupt, er hup|te,
er hat ge|hupt
hüp|fen, ihr hüpft,
ihr hüpf|tet,
ihr seid ge|hüpft

I i

die **Idee**, die Ide|en
der **Igel**, die Igel
ihm, ihn, ih|nen
ihr, ih|re, ih|rem, ih|ren
im
im|mer
in, ins
die **In|for|ma|ti|on**,
die In|for|ma|tio|nen
in|for|mie|ren,
sie in|for|miert,
sie in|for|mier|te,
sie hat in|for|miert

in|ter|es|sant,
in|ter|es|san|ter,
am in|ter|es|san|tes|ten
das **In|ter|net**
das **In|ter|view**,
die In|ter|views
sich **ir|ren**, du irrst dich,
du irr|test dich,
du hast dich ge|irrt

J j

die **Ja|cke**, die Ja|cken
ja|gen, sie jagt, sie jag|te,
sie hat ge|jagt
das **Jahr**, die Jah|re
je|de, je|dem, je|den, je|de-
jetzt
jung, jün|ger, am jüngs|ten
der **Jun|ge**, die Jun|gen

K k

die **Ka|bi|ne**, die Ka|bi|nen
der **Kä|fer**, die Kä|fer
der **Kä|fig**, die Kä|fi|ge
kalt, käl|ter, am käl|tes|ten
die **Käl|te**
die **Kan|ti|ne**, die Kan|ti|nen
der **Kas|ten**, die Käs|ten
die **Kat|ze**, die Kat|zen
kau|fen, er kauft,
er kauf|te, er hat ge|kauft
kein, kei|nem, kei|nen
der **Keks**, die Kek|se
ken|nen, sie kennt,
sie kann|te,
sie hat ge|kannt
der **Kie|fer**, die Kie|fer
die **Kie|fer**, die Kie|fern
das **Kind**, die Kin|der
die **Kis|te**, die Kis|ten

Wörterliste

die **Klas|se**, die Klas|sen
kle|ckern, es kle|ckert,
  es kle|cker|te,
  es hat ge|kle|ckert
der **Klee**
das **Kleid**, die Klei|der
klein, klei|ner, am kleins|ten
klet|tern, sie klet|tert,
  sie klet|ter|te,
  sie ist ge|klet|tert
klop|fen, es klopft,
  es klopf|te,
  es hat ge|klopft
klug, klü|ger,
  am klügs|ten
ko|chen, er kocht,
  er koch|te, er hat ge|kocht
kom|men, ich kom|me,
  ich kam,
  ich bin ge|kom|men
der **Kom|pass**,
  die Kom|pas|se
der **Kö|nig**, die Kö|ni|ge
die **Kö|ni|gin**,
  die Kö|ni|gin|nen
kön|nen, er kann,
  er konn|te,
  er hat ge|konnt
der **Kopf**, die Köp|fe
der **Korb**, die Kör|be
der **Kör|per**, die Kör|per
die **Kraft**, die Kräf|te
kräf|tig, kräf|ti|ger,
  am kräf|tigs|ten
krä|hen, er kräht,
  er kräh|te,
  er hat ge|kräht
krank, krän|ker,
  am kränks|ten
krat|zen, sie kratzt,
  sie kratz|te,
  sie hat ge|kratzt

das **Kreuz**, die Kreu|ze
die **Kreu|zung**,
  die Kreu|zun|gen
krie|chen, es kriecht,
  es kroch,
  es ist ge|kro|chen
das **Kro|ko|dil**,
  die Kro|ko|di|le
der **Ku|chen**, die Ku|chen
kühl, küh|ler,
  am kühls|ten
die **Kuh**, die Kü|he
kurz, kür|zer,
  am kür|zes|ten
die **Ku|si|ne**, die Ku|si|nen
der **Kuss**, die Küs|se

L l

la|chen, du lachst,
  du lach|test,
  du hast ge|lacht
der **Lachs**, die Lach|se
der **Laib**, die Lai|be
das **Land**, die Län|der
lang, län|ger,
  am längs|ten
lang|sam, lang|sa|mer,
  am lang|sams|ten
lang|wei|lig, lang|wei|li|ger,
  am lang|wei|ligs|ten
las|sen, er lässt, er ließ,
  er hat ge|las|sen
die **La|ter|ne**, die La|ter|nen
das **Laub**
lau|fen, sie läuft, sie lief,
  sie ist ge|lau|fen
laut, lau|ter, am lau|tes|ten
le|ben, es lebt, es leb|te,
  es hat ge|lebt
le|cker, le|cke|rer,
  am le|ckers|ten

leer
le|gen, ihr legt, ihr leg|tet,
  ihr habt ge|legt
der **Leh|rer**, die Leh|rer
die **Leh|re|rin**,
  die Leh|re|rin|nen
leicht, leich|ter,
  am leich|tes|ten
ler|nen, du lernst,
  du lern|test,
  du hast ge|lernt
le|sen, er liest, er las,
  er hat ge|le|sen
die **Le|sung**, die Le|sun|gen
leuch|ten, es leuch|tet,
  es leuch|te|te,
  es hat ge|leuch|tet
das **Le|xi|kon**, die Le|xi|ka
das **Licht**, die Lich|ter
lieb, lie|ber, am liebs|ten
lie|ben, er liebt,
  er lieb|te,
  er hat ge|liebt
das **Lied**, die Lie|der
lie|gen, sie liegt, sie lag,
  sie hat ge|le|gen
das **Li|ne|al**, die Li|ne|ale
links
die **Lip|pe**, die Lip|pen
das **Loch**, die Lö|cher
der **Luchs**, die Luch|se
die **Lü|cke**, die Lü|cken
die **Luft**, die Lüf|te
lus|tig, lus|ti|ger,
  am lus|tigs|ten

M m

ma|chen, er macht,
  er mach|te,
  er hat ge|macht
das **Mäd|chen**, die Mäd|chen

Wörterliste

mä|hen, sie mäht,
sie mäh|te, sie hat ge|mäht
ma|len, er malt,
er mal|te,
er hat ge|malt
der **Mais**
man
manch|mal
der **Mann**, die Män|ner
das **Mär|chen**, die Mär|chen
die **Mar|ga|ri|ne**
die **Ma|schi|ne**, die Ma|schi|nen
die **Maus**, die Mäu|se
das **Me|di|um**, die Me|di|en
das **Meer**, die Mee|re
das **Mehl**
mehr
mein, mei|nem, mei|nen
der **Mensch**, die Men|schen
mer|ken, sie merkt,
sie merk|te, sie hat ge|merkt
mes|sen, er misst, er maß,
er hat ge|mes|sen
das **Mes|ser**, die Mes|ser
mich
das **Mi|kros|kop**,
die Mi|kros|ko|pe
die **Milch**
mir
mit|neh|men,
ich neh|me mit,
ich nahm mit,
ich ha|be mit|ge|nom|men
der **Mit|tag**, die Mit|ta|ge
mi|xen, sie mixt, sie mix|te,
sie hat ge|mixt
das **Moos**, die Moo|se
mor|gen
mü|de
die **Mü|he**, die Mü|hen
die **Müh|le**, die Müh|len
der **Müll**

der **Mund**, die Mün|der
müs|sen, er muss,
er muss|te,
er hat ge|musst
der **Mut**
mu|tig, mu|ti|ger,
am mu|tigs|ten
die **Mut|ter**, die Müt|ter
die **Müt|ze**, die Müt|zen

N n

nach|las|sen,
es lässt nach,
es ließ nach,
es hat nach|ge|las|sen
die **Nacht**, die Näch|te
nah, nä|her, am nächs|ten
nächs|te, nächs|ter,
nächs|tes
die **Nä|he**
nä|hen, ich nä|he,
ich näh|te,
ich ha|be ge|näht
die **Na|se**, die Na|sen
nass, nas|ser,
am nas|ses|ten
ne|ben
neh|men, sie nimmt,
sie nahm,
sie hat ge|nom|men
neu, neu|er,
am neu|es|ten
neu|gie|rig,
neu|gie|ri|ger,
am neu|gie|rigs|ten
nicht
nichts
nie
nie|mals
das **Nil|pferd**, die Nil|pfer|de
nur

O o

ob
oben
der **Och|se**, die Och|sen
of|fen
öff|nen, du öff|nest,
du öff|ne|test,
du hast ge|öff|net
oft
oh|ne
das **Ohr**, die Oh|ren
der **On|kel**, die On|kel
or|dent|lich,
or|dent|li|cher,
am or|dent|lichs|ten
die **Ord|nung**, die Ord|nun|gen

P p

paar
das **Paar**, die Paa|re
pa|cken, er packt, er
pack|te, er hat ge|packt
der **Pa|last**, die Pa|läs|te
pas|sie|ren, es pas|siert,
es pas|sier|te,
es ist pas|siert
die **Pau|se**, die Pau|sen
der **Pfad**, die Pfa|de
die **Pfan|ne**, die Pfan|nen
die **Pfei|fe**, die Pfei|fen
das **Pferd**, die Pfer|de
die **Pflan|ze**, die Pflan|zen
pflan|zen, ihr pflanzt,
ihr pflanz|tet,
ihr habt ge|pflanzt
das **Pflas|ter**, die Pflas|ter
die **Pfüt|ze**, die Pfüt|zen
der **Pi|lot**, die Pi|lo|ten
die **Pi|lo|tin**, die Pi|lo|tin|nen
der **Pilz**, die Pil|ze
der **Pin|gu|in**, die Pin|gu|i|ne

Wörterliste

die **Piz|za**, die Piz|zas oder die Piz|zen
das **Pla|kat**, die Pla|ka|te
plas|tik|frei
der **Platz**, die Plät|ze
plötz|lich
das **Po|ny**, die Po|nys
die **Pra|xis**, die Pra|xen
pro|bie|ren, du pro|bierst, du pro|bier|test, du hast pro|biert
der **Punkt**, die Punk|te
pünkt|lich, pünkt|li|cher, am pünkt|lichs|ten
die **Pup|pe**, die Pup|pen
put|zen, ich put|ze, ich putz|te, ich ha|be ge|putzt

Q q

das **Qua|drat**, die Qua|dra|te
qua|ken, es quakt, es quak|te, es hat ge|quakt
die **Qual**, die Qua|len
quä|len, er quält, er quäl|te, er hat ge|quält
die **Qual|le**, die Qual|len
der **Qualm**
das **Quar|tett**, die Quar|tet|te
die **Quel|le**, die Quel|len
quer
das **Quiz**, die Quiz

R r

das **Rad**, die Rä|der
ra|ten, sie rät, sie riet, sie hat ge|ra|ten
das **Rät|sel**, die Rät|sel

der **Räu|ber**, die Räu|ber
der **Raum**, die Räu|me
die **Rau|pe**, die Rau|pen
rech|nen, er rech|net, er rech|ne|te, er hat ge|rech|net
das **Re|gal**, die Re|ga|le
reg|nen, es reg|net, es reg|ne|te, es hat ge|reg|net
das **Reh**, die Re|he
reich, rei|cher, am reichs|ten
rei|sen, sie reist, sie reis|te, sie ist ge|reist
rei|ßen, er reißt, er riss, er hat ge|ris|sen
rei|ten, ich rei|te, ich ritt, ich bin ge|rit|ten
ren|nen, er rennt, er rann|te, er ist ge|rannt
ret|ten, sie ret|tet, sie ret|te|te, sie hat ge|ret|tet
das **Re|zept**, die Re|zep|te
rich|tig
rie|chen, es riecht, es roch, es hat ge|ro|chen
der **Rit|ter**, die Rit|ter
rol|len, es rollt, es roll|te, es ist ge|rollt
der **Rol|ler**, die Rol|ler
ru|fen, er ruft, er rief, er hat ge|ru|fen
die **Ru|he**
ru|hig, ru|hi|ger, am ru|higs|ten
rüh|ren, sie rührt, sie rühr|te, sie hat ge|rührt
rund, run|der, am run|des|ten

S s

der **Saal**, die Sä|le
die **Saat**, die Saa|ten
die **Sa|che**, die Sa|chen
der **Saft**, die Säf|te
saf|tig, saf|ti|ger, am saf|tigs|ten
sa|gen, er sagt, er sag|te, er hat ge|sagt
der **Sa|lat**, die Sa|la|te
das **Salz**, die Sal|ze
sam|meln, er sam|melt, er sam|mel|te, er hat ge|sam|melt
die **Samm|lung**, die Samm|lun|gen
die **Sar|di|ne**, die Sar|di|nen
der **Satz**, die Sät|ze
sau|ber, sau|be|rer, am sau|bers|ten
die **Sau|ber|keit**
der **Scha|den**, die Schä|den
schäd|lich, schäd|li|cher, am schäd|lichs|ten
das **Schaf**, die Scha|fe
die **Scha|le**, die Scha|len
scharf, schär|fer, am schärfs|ten
der **Schat|ten**, die Schat|ten
schau|en, er schaut, sie schau|te, er hat ge|schaut
schau|keln, sie schau|kelt, sie schau|kel|te, sie hat ge|schau|kelt
schei|nen, sie scheint, sie schien, sie hat ge|schie|nen
schen|ken, ich schen|ke, ich schenk|te, ich ha|be ge|schenkt

163

Wörterliste

schie|ben, er schiebt,
er schob,
er hat ge|scho|ben
schief, schie|fer,
am schiefs|ten
schla|fen, du schläfst,
du schliefst,
du hast ge|schla|fen
schlak|sig, schlak|si|ger,
am schlak|sigs|ten
schlau, schlau|er,
am schlau|es|ten
schlecht, schlech|ter,
am schlech|tes|ten
schlie|ßen, es schließt,
es schloss,
es hat ge|schlos|sen
schließ|lich
schlimm, schlim|mer,
am schlimms|ten
der **Schlüs|sel**, die Schlüs|sel
schme|cken, es schmeckt,
es schmeck|te,
es hat ge|schmeckt
der **Schmerz**, die Schmer|zen
der **Schmet|ter|ling**,
die Schmet|ter|lin|ge
der **Schmutz**
schmut|zig, schmut|zi|ger,
am schmut|zigs|ten
die **Schne|cke**, die Schne|cken
der **Schnee**
schnei|den, sie schnei|det,
sie schnitt,
sie hat ge|schnit|ten
schnell, schnel|ler,
am schnells|ten
die **Scho|ko|la|de**,
die Scho|ko|la|den
schon
schön, schö|ner,
am schöns|ten

die **Schön|heit**,
die Schön|hei|ten
der **Schrank**, die Schrän|ke
der **Schreck**, die Schre|cken
schreck|lich, schreck|li|cher,
am schreck|lichs|ten
schrei|ben, sie schreibt,
sie schrieb,
sie hat ge|schrie|ben
der **Schuh**, die Schu|he
die **Schu|le**, die Schu|len
schüt|zen, ihr schützt,
ihr schüt|zet,
ihr habt ge|schützt
schwach, schwä|cher,
am schwächs|ten
die **Schwä|che**,
die Schwä|chen
schwarz
schwei|gen, er schweigt,
er schwieg,
er hat ge|schwie|gen
schwer, schwe|rer,
am schwers|ten
das **Schwert**, die Schwer|ter
die **Schwes|ter**,
die Schwes|tern
schwie|rig, schwie|ri|ger,
am schwie|rigs|ten
schwim|men,
es schwimmt,
es schwamm,
es ist ge|schwom|men
sechs
der **See**, die Se|en
se|hen, er sieht, er sah,
er hat ge|se|hen
sehr
sein, ich bin, ich war,
ich bin ge|we|sen
sein, sei|nem, sei|nen
seit

die **Sei|te**, die Sei|ten
sie
das **Sieb**, die Sie|be
sin|gen, er singt, er sang,
er hat ge|sun|gen
sit|zen, sie sitzt, sie saß,
sie hat ge|ses|sen
das **Skate|board**,
die Skate|boards
die **Skiz|ze**, die Skiz|zen
die **So|cke**, die So|cken
so|fort
die **Soh|le**, die Soh|len
der **Sohn**, die Söh|ne
sol|len, sie soll, sie sol|lte,
sie hat ge|sollt
die **Son|ne**, die Son|nen
die **So|ße**, die So|ßen
span|nend,
span|nen|der,
am span|nends|ten
spa|ren, sie spart,
sie spar|te,
sie hat ge|spart
der **Spaß**, die Spä|ße
spät, spä|ter,
am spä|tes|ten
der **Spie|gel**, die Spie|gel
das **Spiel**, die Spie|le
spie|len, er spielt,
er spiel|te,
er hat ge|spielt
die **Spin|ne**, die Spin|nen
spitz, spit|zer,
am spit|zes|ten
die **Spit|ze**, die Spit|zen
der **Sport**
sport|lich, sport|li|cher,
am sport|lichs|ten
spre|chen, du sprichst,
du sprachst,
du hast ge|spro|chen

164

Wörterliste

sprin|gen, du springst,
du sprangst,
du bist ge|sprun|gen
sprit|zen, er spritzt,
er spritz|te,
er hat ge|spritzt
die **Spur**, die Spu|ren
der **Stab**, die Stä|be
sta|che|lig, sta|che|li|ger,
am sta|che|ligs|ten
die **Stadt**, die Städ|te
stark, stär|ker,
am stärks|ten
die **Stär|ke**, die Stär|ken
der **Staub**, die Stäu|be
ste|cken, es steckt,
es steck|te, es hat ge|steckt
ste|hen, sie steht,
sie stand,
sie hat ge|stan|den
stei|gen, er steigt,
er stieg,
er ist ge|stie|gen
steil, stei|ler,
am steils|ten
der **Stein**, die Stei|ne
stei|nig, stei|ni|ger,
am stei|nigs|ten
stel|len, ihr stellt,
ihr stell|tet,
ihr habt ge|stellt
der **Stern**, die Ster|ne
still, stil|ler, am stills|ten
stim|men, es stimmt,
es stimm|te,
es hat ge|stimmt
stol|pern, ich stol|pe|re,
ich stol|per|te,
ich bin ge|stol|pert
stop|pen, sie stoppt,
sie stopp|te,
sie hat ge|stoppt

sto|ßen, er stößt, er stieß,
er hat ge|sto|ßen
die **Stra|ße**, die Stra|ßen
der **Strauß**, die Sträu|ße
die **Stre|cke**, die Stre|cken
der **Streit**, die Strei|te
strei|ten, er strei|tet,
er stritt,
er hat ge|strit|ten
stri|cken, er strickt,
er strick|te,
er hat ge|strickt
das **Stück**, die Stü|cke
der **Stuhl**, die Stüh|le
su|chen, ich su|che,
ich such|te,
ich ha|be ge|sucht
süß, sü|ßer, am sü|ßes|ten
die **Sü|ßig|keit**,
die Sü|ßig|kei|ten

T t

die **Ta|fel**, die Ta|feln
der **Tag**, die Ta|ge
täg|lich
tan|ken, du tankst,
du tank|test,
du hast ge|tankt
tan|zen, ihr tanzt,
ihr tanz|tet,
ihr habt ge|tanzt
die **Ta|sche**, die Ta|schen
die **Tat|ze**, die Tat|zen
das **Ta|xi**, die Ta|xis
die **Tech|nik**, die Tech|ni|ken
der **Tee**, die Tees
die **Tem|pe|ra|tur**,
die Tem|pe|ra|tu|ren
teu|er, teu|rer,
am teu|ers|ten
der **Text**, die Tex|te

tief, tie|fer, am tiefs|ten
das **Tier**, die Tie|re
der **Ti|ger**, die Ti|ger
tip|pen, du tippst,
du tipp|test,
du hast ge|tippt
der **Tisch**, die Ti|sche
die **Tor|te**, die Tor|ten
tra|gen, er trägt, er trug,
er hat ge|tra|gen
träu|men, ich träu|me,
ich träum|te,
ich ha|be ge|träumt
trau|rig, trau|ri|ger,
am trau|rigs|ten
tref|fen, sie trifft, sie traf,
sie hat ge|trof|fen
treu, treu|er, am treu|es|ten
trin|ken, es trinkt,
es trank,
es hat ge|trun|ken
tro|cken, tro|cke|ner,
am tro|ckens|ten
die **Tro|cken|heit**
trüb, trü|ber,
am trübs|ten
die **Tru|he**, die Tru|hen
die **Tür**, die Tü|ren
die **Tur|bi|ne**, die Tur|bi|nen
die **Tü|te**, die Tü|ten

U u

üben, ihr übt, ihr üb|tet,
ihr habt ge|übt
der **Über|fall**, die Über|fäl|le
über|fal|len, er über|fällt,
er über|fiel,
er hat über|fal|len
über|le|gen, er über|legt,
er über|leg|te,
er hat über|legt

165

Wörterliste

die **Uhr**, die Uh|ren
um
uns, un|se|rem, un|se|ren
un|ter|schei|den, er un|ter|schei|det, er un|ter|schied, er hat un|ter|schie|den
der **Un|ter|schied**
der **Ur|laub**, die Ur|lau|be

V v

die **Va|se**, die Va|sen
der **Va|ter**, die Vä|ter
die **Ver|än|de|rung**, die Ver|än|de|run|gen
die **Ver|an|stal|tung**, die Ver|an|stal|tun|gen
die **Ver|bes|se|rung**, die Ver|bes|se|run|gen
ver|ges|sen, du ver|gisst, du ver|gaßt, du hast ver|ges|sen
der **Ver|käu|fer**, die Ver|käu|fer
die **Ver|käu|fe|rin**, die Ver|käu|fe|rin|nen
ver|lie|ren, sie ver|liert, sie ver|lor, sie hat ver|lo|ren
ver|rückt, ver|rück|ter, am ver|rück|tes|ten
ver|schie|den
ver|schlin|gen, es ver|schlingt, es ver|schlang, es hat ver|schlun|gen
ver|schmut|zen, es ver|schmutzt, es ver|schmutz|te, es hat ver|schmutzt

ver|ste|cken, sie ver|steckt, sie ver|steck|te, sie hat ver|steckt
ver|su|chen, du ver|suchst, du ver|such|test, du hast ver|sucht
ver|wandt
viel, mehr, am meis|ten
viel|leicht
vier
die **Vil|la**, die Vil|len
das **Vi|rus**, die Vi|ren
der **Vo|gel**, die Vö|gel
voll, vol|ler, am volls|ten
vom
von
die **Vor|sicht**
vor|sich|tig, vor|sich|ti|ger, am vor|sich|tigs|ten

W w

die **Waa|ge**, die Waa|gen
wach|sen, er wächst, er wuchs, er ist ge|wach|sen
wa|ckeln, er wa|ckelt, er wa|ckel|te, er hat ge|wa|ckelt
der **Wa|gen**, die Wa|gen
die **Wahl**, die Wah|len
wäh|len, du wählst, du wähl|test, du hast ge|wählt
wahr
die **Wahr|heit**, die Wahr|hei|ten
der **Wald**, die Wäl|der
wan|dern, ich wan|de|re, ich wan|der|te, ich bin ge|wan|dert

wann
warm, wär|mer, am wärms|ten
wa|rum
war|ten, er war|tet, er war|te|te, er hat ge|war|tet
wech|seln, sie wech|selt, sie wech|sel|te, sie hat ge|wech|selt
we|cken, du weckst, du weck|test, du hast ge|weckt
der **Weg**, die We|ge
we|hen, es weht, es weh|te, es hat ge|weht
weil
wei|nen, er weint, er wein|te, er hat ge|weint
weiß
weit, wei|ter, am wei|tes|ten
wel|che, wel|chem, wel|chen
die **Wel|le**, die Wel|len
die **Welt**, die Wel|ten
wem
wen
we|nig, we|ni|ger, am we|nigs|ten
wenn
wer|den, du wirst, du warst, die bist ge|we|sen
wer|fen, sie wirft, sie warf, sie hat ge|wor|fen
wie
wie|der
die **Wie|se**, die Wie|sen
wild, wil|der, am wil|des|ten
win|ken, er winkt, er wink|te, er hat ge|winkt

Wörterliste

win|zig, win|zi|ger,
am win|zigs|ten
wis|sen, du weißt,
du wuss|test,
du hast ge|wusst
der Witz, die Wit|ze
wit|zig, wit|zi|ger,
am wit|zigs|ten
die Wo|che, die Wo|chen
woh|nen, ihr wohnt,
ihr wohn|tet,
ihr habt ge|wohnt
die Woh|nung,
die Woh|nun|gen
die Wol|ke, die Wol|ken
wol|len, er will, er woll|te,
er hat ge|wollt
das Wort, die Wör|ter
wün|schen, er wünscht,
er wünsch|te,
er hat ge|wünscht
die Wurst, die Würs|te
die Wur|zel, die Wur|zeln

die Wut
wü|tend, wü|ten|der,
am wü|tends|ten

X x
das Xy|lo|fon, die Xy|lo|fo|ne

Y y
die Yacht, die Yach|ten

Z z
zäh|len, sie zählt,
sie zähl|te,
sie hat ge|zählt
der Zahn, die Zäh|ne
der Zaun, die Zäu|ne
der Zeh, die Ze|hen
zehn
zei|gen, es zeigt,
es zeig|te,
es hat ge|zeigt
die Zei|tung, die Zei|tun|gen

zer|stö|ren, sie zer|stört,
sie zer|stör|te,
sie hat zer|stört
die Zer|stö|rung,
die Zer|stö|run|gen
das Zeug|nis, die Zeug|nis|se
zie|hen, er zieht, er zog,
er hat ge|zo|gen
zie|len, sie zielt,
sie ziel|te,
sie hat ge|zielt
das Zim|mer, die Zim|mer
der Zoo, die Zoos
zu, zum, zur
zu|erst
der Zu|fall, die Zu|fäl|le
der Zug, die Zü|ge
zu|letzt
zu|rück
zu|sam|men
der Zwerg, die Zwer|ge
die Zwie|bel, die Zwie|beln

Wenn du ein Wort nicht findest, schlage im Wörterbuch nach.

Textquellennachweis
8.1 Kästner, Erich: Als ich ein kleiner Junge war. (Auszug) Aus: Kästner, Erich: Als ich ein kleiner Junge war. dtv 2003 © Atrium-Verlag 1996.; **9.1** Zitat v. Dalai Lama, unter: https://www.zitat-des-tages.de/zitate/wenn-du-sprichst-wiederholst-du-nur-was-du-bereits-weisst-aber-wenn-du-zuhoerst-lernst-du-vielleicht-etwas-neues-dalai-lama; **9.2** Amendt, Peter: Zuhören ist eine Kunst..., unter: https://www.aphorismen.de/zitat/143063, Schefter.net (Hrsg.) (Zugriff: 15.12.2021); **9.3** arab. Sprichwort nach: Georg Moor: Verhandlung macht erfolgreich: Wie du deinen Willen durchsetzt, Hamburg 2021 (tredition), S. 179; **62.1** Nach Äsop: Der Fuchs und der Rabe. Aus: Martin, Franz (Hrsg.): Die schönsten Fabeln von Äsop. WIen, München: Betz Verlag 1983; **63.1** Nach Äsop: Die beiden Frösche. Aus: Martin, Franz (Hrsg.): Die schönsten Fabeln von Äsop. WIen, München: Betz Verlag 1983.; **66.1** Nach Äsop: Der Fuchs und der Kranich. Aus: Martin, Franz (Hrsg.): Die schönsten Fabeln von Äsop. WIen, München: Betz Verlag 1983.; **68.1** Nach Äsop: Der Löwe und die Maus. Aus: Martin, Franz (Hrsg.): Die schönsten Fabeln von Äsop. WIen, München: Betz Verlag 1983.; **70.1** Nach Martin Luther: Die Feldmaus und die Stadtmaus.; **112** Janßen, Ulrich/Werner, Klaus: Der Mond (Auszug): Aufbruch ins Universum. Hat der Weltraum eine Tür? Die Kinder-Uni erklärt die Geheimnisse des Universums. Deutsche Verlagsanstalt München, Verlagsgruppe Random House GmbH, München 2007.; **150.1** Reinhard Döhl, Apfel, unter: https://www.reinhard-doehl.de/; **150.2** fliegendes O. Aus: Konkrete Poesie - fliegendes O. 1966, entworfen im 5. Semester Kunstgewerbeschule St. Gallen, veröffentlicht im Harass Nr. 20, 1966, Verlag Signathur Schweiz.; **150.3** fliegendes O. Aus: Konkrete Poesie - fliegendes O. 1966, entworfen im 5. Semester Kunstgewerbeschule St. Gallen (veröffentlicht im Harass Nr. 20; Verlag Signathur Schweiz).; **150.3** verloren. Aus: Konkrete Poesie - verloren. 1966, entworfen im 5. Semester Kunstgewerbeschule St. Gallen, veröffentlicht im Harass Nr. 20, 1966, Verlag Signathur Schweiz.; **151.2** Labbè (Hrsg.): Witze für kurze Sketche, unter: https://www.labbe.de/blog/Witze-fuer-kurze-Sketche (Zugriff: 15.12.2021); **151.3** Labbè (Hrsg.): Witze für kurze Sketche, unter: https://www.labbe.de/blog/Witze-fuer-kurze-Sketche (Zugriff: 15.12.2021); **151.4** Labbè (Hrsg.): Witze für kurze Sketche, unter: https://www.labbe.de/blog/Witze-fuer-kurze-Sketche (Zugriff: 15.12.2021)

Bildquellennachweis
47.2 Süddeutsche Zeitung Photo, München (Scherl); **48.3** Picture-Alliance, Frankfurt/M. (CTK); **48.4** stock.adobe.com, Dublin (Wolfgang Jargstorff); **76.2** akg-images, Berlin (Fotostudio Klauss); **97.2** Getty Images Plus, München (RichLegg); **99.2** image images, Berlin (snapshot); **117.2** ShutterStock.com RF, New York (Triff); **150.3** fliegendes O. Aus: Konkrete Poesie - fliegendes O. 1966, entworfen im 5. Semester Kunstgewerbeschule St. Gallen (veröffentlicht im Harass Nr. 20; Verlag Signathur Schweiz).;

Ablang, Friederike, Berlin, **103.5**; Assies, Juliane, Berlin, **58.8**; **61.3**; **68.3**; **72.2**; **137.3**; Burghart-Vollhardt, Martina, Kamenz, **23.2**; **54.3**; Clormann, Udo, Wiesbaden, **140.2**; Ernst Klett Verlag GmbH, Stuttgart (Klett-Archiv), **111.2**; Fröhlich, Anke, Leipzig, **15.3**; **28.4**; **28.6**; **28.7**; **28.8**; **28.9**; **28.10**; **34.2**; **56.2**; **58.4**; **87.2**; **93.2**; **100.5**; **103.3**; **116.2**; **116.4**; **137.2**; **140.6**; **140.10**; **140.11**; **140.12**; **141.2**; Görtler, Carolin, Berlin, **140.4**; Greune, Mascha, München, **41.2**; **58.2**; **114.2**; Großekettler, Friederike, Hameln, **U1.1**; Hesselbarth, Susann, Leipzig, **5.2**; Hochmann, Carmen, Gütersloh, **14.2**; **14.3**; **18.2**; **20.3**; **28.2**; **29.2**; **36.2**; **38.3**; **40.3**; **50.2**; **50.3**; **51.2**; **56.3**; **57.2**; **61.2**; **68.2**; **80.2**; **80.3**; **80.5**; **80.6**; **81.2**; **81.3**; **81.5**; **81.6**; **84.2**; **84.3**; **84.4**; **84.5**; **87.2**; **88.5**; **99.3**; **102.3**; **103.2**; **106.2**; **106.3**; **106.4**; **106.5**; **106.6**; **108.3**; **108.4**; **108.5**; **108.6**; **108.7**; **108.8**; **108.9**; **121.3**; **128.2**; **129.2**; **129.3**; **131.3**; **136.2**; **138.3**; **145.2**; **145.3**; **145.4**; **145.5**; **146.2**; **149.2**; **149.3**; **149.5**; Kilian, Svetlana, Bonn, **98.3**; Kramer, Peer, Düsseldorf, **21.2**; Kranenberg, Hendrik, Drolshagen, **2.1**; **2.2**; **3.1**; **3.2**; **4.1**; **4.2**; **4.3**; **5.1**; **54.4**; **140.7**; **141.3**; **141.4**; Krause, Jens, Leipzig, **132.3**; **133.3**; Leberer, Sven, Altenberge, **66.2**; **98.2**; **100.6**; **100.7**; **100.8**; **131.2**; **145.6**; **145.7**; **145.8**; **148.2**; Leiber, Lila Leokadia, Hannover, **31.3**; Merle, Katrin, Berlin, **105.3**; Mille Foli, Hamburg, **144.2**; Nicolai, Axe., Sönnebüll, **58.5**; **151.3**; Oertel, Katrin, Münster, **140.5**; Oser, Liliane, Hamburg, **28.5**; **58.6**; **86.4**; **95.3**; **103.4**; **103.6**; **116.3**; **116.5**; **140.8**; **144.3**; Ostadal, Manuela, München, **6.2**; **6.3**; **6.4**; **6.5**; **7.2**; **7.3**; **7.5**; **7.6**; **8.2**; **9.2**; **9.3**; **10.2**; **10.3**; **11.2**; **11.3**; **13.2**; **16.2**; **16.3**; **17.2**; **17.3**; **18.3**; **18.4**; **19.2**; **19.3**; **19.4**; **20.4**; **21.3**; **22.2**; **24.2**; **24.3**; **25.2**; **25.3**; **25.4**; **26.2**; **26.3**; **26.4**; **27.2**; **27.3**; **27.4**; **28.3**; **29.3**; **30.2**; **30.3**; **31.2**; **32.3**; **32.4**; **33.2**; **37.2**; **39.2**; **40.2**; **42.2**; **43.2**; **44.2**; **44.3**; **44.4**; **44.5**; **45.2**; **46.2**; **48.2**; **49.2**; **49.3**; **49.4**; **49.5**; **49.6**; **51.3**; **52.2**; **53.3**; **58.3**; **58.7**; **59.2**; **59.3**; **59.4**; **60.2**; **60.3**; **64.2**; **65.2**; **67.2**; **67.3**; **67.4**; **69.2**; **69.3**; **71.2**; **73.2**; **74.2**; **75.2**; **76.3**; **77.3**; **78.2**; **79.2**; **79.3**; **80.4**; **81.4**; **81.7**; **82.2**; **83.2**; **85.2**; **85.3**; **86.3**; **88.2**; **88.3**; **88.4**; **89.2**; **90.2**; **91.2**; **91.3**; **91.4**; **92.2**; **92.3**; **92.4**; **93.3**; **94.2**; **95.2**; **96.3**; **100.2**; **100.3**; **100.4**; **101.3**; **101.4**; **104.2**; **104.3**; **105.2**; **107.2**; **107.3**; **108.2**; **108.10**; **109.2**; **110.2**; **110.3**; **113.2**; **115.2**; **116.7**; **116.8**; **117.2**; **118.2**; **118.3**; **119.2**; **120.3**; **122.2**; **123.2**; **123.3**; **124.2**; **125.2**; **126.2**; **126.3**; **126.4**; **126.5**; **126.6**; **130.2**; **130.3**; **130.4**; **131.5**; **132.2**; **132.5**; **133.4**; **135.2**; **135.3**; **136.3**; **139.3**; **140.9**; **142.2**; **142.3**; **142.4**; **142.5**; **143.2**; **148.4**; **149.4**; **150.2**; **150.4**; **151.2**; **151.4**; **167.2**; Pahl, Simone, Berlin, **127.3**; Rau, Katja, Berglen, **44.6**; Reich, Bettina, Zwenkau/Leipzig, **62.2**; **62.3**; **96.2**; Schmitt, Florian, Hildesheim, **89.3**; Schumann, Friederike, Berlin, **32.2**; **55.3**; **96.4**; **116.6**; **148.3**; Vogel-Jaich, Anja, Berlin, **87.3**; Wechdorn, Susanne, Wien, **6.1**; Wiemers, Sabine, Düsseldorf, **141.5**; Woernle, Hela, Hannover, **140.3**; Wolters, Dorothee, Köln, **70.3**

Die Reihenfolge und Nummerierung der Bild- und Textquellen im Quellennachweis erfolgt automatisch und entspricht u. U. nicht der Nummerierung der Bild- und Textquellen im Werk. Die automatische Vergabe der Positionsnummern erfolgt in der Regel von links oben nach rechts unten, ausgehend von der linken oberen Ecke der Abbildung.